3分鐘 富貴姓名學

張朝閔◆著

作者序

你的姓名帶來富貴幸福嗎？

你的姓名你自己還滿意嗎？

別人喊你名字自己聽了之後喜歡或是討厭呢？其實你常聽說姓名是用來補後天不足，那就跟著別人錯了。

是因為先天命不吉，靈感智慧不能發揮最大功效，姓名是用來補「先天之氣」啓發靈感智慧，使後天走上富貴幸福之路。

除了自己的「先天四大命星」之外，姓名對人生命運可說是第二重要，因為父母受孕給我們的先天四大命星就如同建築大樓的基礎，先天四大命星吉利代表基礎好，先天四大命星不吉，姓名可以補強基礎的缺失以及美化外觀、增強感觀及口碑，將自己的聲望推廣到最高境界，便可以達到名利雙收的目的。尤其在人生的靈感智慧不能全方位發揮時，《皇天元神億數》之姓名氣數會很自然啓發靈感智慧，增強自主決策，堅定信心，達到自己應有的富貴。

《皇天元神億數》十《生命元靈學》創著世界第一本哲學交織科學的姓名學，破除以往對姓名學的無知濫用，以及八十一數吉凶錯誤的論斷法，五行濫用欺世誤人，天格加一數、地格加一數、故弄玄機之謬論。

外來偽術侵台，眾多不明術理之士以八十一數吉凶著作姓名學，危害我國傳統學術精神當以省思。朝閔著作本書敢仗義執言乃盡學術之責，不願見姓名學如此浮濫沉淪誤導後人，讀者或同道之士若有懷疑，不妨隨意任選政商名流之姓名研究判斷便可瞭解真偽，無須作者在此多言。

本書採用《皇天元神億數》十《生命元靈學》之「氣數」、扶補先天四大命星命名或更名，是以哲學之「理氣」配合「基因」科技，啓發人生最需要的「靈感智慧」開創富貴幸福前程。無關五行「木火土金水」，亦不提八十一數吉凶，純屬「先天之氣」配合個人先天四大命星所須之「氣數」命名或更名，以助人生富貴幸福。

命是「種籽」、姓是「根」、名是「枝葉」，種籽優良根必旺，根旺枝葉必茂盛，命、姓、名，如同此理，《皇天元神億數》本著大自然原理為世人造福。

本書內容分析姓氏遺傳給子孫所帶來之吉凶禍福，請讀者多加參閱。

張朝閔與您共勉之

推薦序

中華民國五術學會推薦

認識　張朝閔大師

大師的經驗　研究五術（山醫命卜相）三十餘年，擔任十餘家公司顧問，精通各大門派學術，造福社會及工商界，頗受佳評。

大師的學術　河圖洛書、三元、三合、九星紫白、人命配宅卦、其他門派，任君選擇。創究《皇天元神億數十生命元靈學》，堪稱五術最高境界之「獨門秘學」。

大師的祕學

一、《富貴智慧陽宅學》：配本命「先天之氣」造福、創造富貴。

二、《子光星座命理》：「先天之氣」啟發靈感智慧，解脫命運困境，創造富貴幸福。

三、《富貴受孕優生學》：安排受孕生育優生靈感智慧富貴寶寶，蔭父母富貴幸福。

四、《皇天元靈元神大法文》：求財求事業，消災解運，求官貴考試，感情婚姻，化解本命空亡本命犯煞。

五、《富貴生命元靈學》：人生的先天命運，有很多阻礙前程的絆腳石，把它移開前途即可光明，或把它變為基石將可步步高升。

六、《張朝閔教您如何找到先天富貴命》：解剖生命始於父母受孕四大元素，充分發揮靈感智慧創造功名財富。

七、《張朝閔教您如何創造富貴幸福命》：發揮先天帶來的靈感智慧，創造個人的「性向」、「感情」、「婚姻」、「工作事業」，達到人生最顛峰的功名利祿及富貴幸福。

大師的絕學

跳出五行外，進入「先天之氣」，創造靈感智慧發富貴，不再受困五行中，《皇天元神億數十生命元靈學》是靈感智慧的創造者。

大師的命學

出生八字不是生命的開始，是人生的過程不足以論命，生命始於受孕之「先天之氣」，八十三天後元靈入胎時。

元靈不是迷信，是宇宙「靈光氣」的結晶，製造生命的靈感智慧與思想，帶給人生富貴貧賤。

大師能改運

釐清元靈氣，排除障礙雜氣，啓發靈感智慧，創造幸福人生。

大師的理論

精究五行，拒絕受困五行牢房中。

《皇天元神億數、子光氣、先天之氣》，創造靈感智慧是養命之源，富貴之本。

天賦之『靈感智慧思想』有其自然發展的無限空間，讓生命走出自由之路，光明永遠就在眼前照耀著未來，成功絕對不是夢。

大師的建議

受孕三個月內決定人生的富貴貧賤，出生的年、月、日、時只是人生的過程而已，就如同一部性能優良的汽車，先天條件絕對是在零組件製造及安裝，而不是出廠之後。把握子光氣帶來優良的『靈光』投入胎兒體內，創造靈感智慧，帶給孩子、父母、家人一生幸福。

大師新理念

請參閱大師的著作：《腦後資訊情報》、《子光星座命理》、《富貴受孕優生學》、《富貴智慧陽宅學》、《富貴生命元靈學》、《張朝閔教您如何找到先天富貴命》、《張朝閔教您如何創造富貴幸福命》、《三分鐘富貴姓名學》。

目錄

目　錄

生命元靈心傳大法篇 65

目錄

目錄

目 錄

先天命之由來

有很多人總以爲自己的命是來自出生的「年月日時」，也有很多人不相信自己的命，對自己的命沒有信心，天天都活在冥冥之中，不知不覺將肉體交由懵懂的生命去擺佈，人生失去靈感的意義，沉淪在肉體的感受沒有先見之明，更難預測未來，對某些事情來說多少會失去毅力及自信心，必定在事業或前途會產生不良的效果，一定要相信，成功者必具有先知先覺，失敗者皆因後知後覺。

生命是由靈感創造智慧謂之「氣」，肉體是靈感智慧使用的工具謂之「形」，兩者在人生中如同一體，實爲「形氣合一」，在人世間扮演遊戲缺一不可，有形者若失去靈感智慧之「氣」，如同死物任由擺佈，有氣者靈感智慧純眞，若無形體可依附則爲「靈」，或可稱之爲「鬼」、「神」，人類是「形」、「氣」合一的高靈動物，若能充分利用，命運絕對可以改變人生創造富貴。

《皇天元神億數》論人之命運以科學原理配合哲學理論之氣數推算個人先天之氣，從父母受孕之後三個月內推算出生命中的四大元素，一爲父母祖上遺傳之「陰元靈氣」。二爲基因組織之人身肉體。三爲父母受孕時所得的子光氣謂「先天之氣」。四爲宇宙子光氣中所含帶之「靈光氣」亦爲「陽元靈氣」。此四大生命元素即是生命結構不可缺一的零組件，它代表一個人的身體健康，精神氣質以及一生中的「靈感」、「智慧」，人生的富貴貧賤因此而定之。

《皇天元神億數》從一一九〇〇數起至一五四七〇〇數爲生命結構以及「陽元靈」入胎之時空及方位，每個人所得之子光氣不同，所以每個人的「靈感」、「智慧」強弱亦不同，「靈感」、「智慧」產生的特性亦不相同，「靈感」、「智慧」強者其人生富貴必多，「靈感」、「智慧」低者皆爲貧賤之命格，除了祖上遺產或得到意外財富以外，再也找不出發富貴的理由了。

姓名與「氣」、「數」

《皇天元神億數》一五四七〇〇數扣除一一九〇〇數等於一四二八〇〇數，謂之人元界之數，任何人從受孕起算至三個月內，生命結構組織以及「陽元靈」入胎都離不開此數值之時空及方位，由此入胎元靈可知「靈感」、「智慧」之強弱，以及後天如何扶補讓命運昌順，讓人生榮華富貴幸福。

我們可以做個比喻：四大生命元素組合成爲生命之活動力就如同一部汽車的零組件，零組件的品質優良代表身體健康「靈感」、「智慧」強。相反之，零組件品質不良就代表身體不健康或「靈感」、「智慧」低弱，人生命運必然坎坷無奈。所以說：一部汽車的品質良莠是零組件的品管控制製造過程，而不是出廠之後或出廠那一刻能代表一切。然而人生命運之富貴貧賤決定在受孕至三個月內，生命四大元素組織完成之後所帶來之「靈感」、「智慧」以及身體健康，絕對不是出生的那一時刻，過程與汽車製造是相同之意思。

所謂「數」即是「氣」、「氣」即是「數」，《皇天元神億數》周天氣數共一四二八〇〇數佈十二宮局，因個人受孕時間以及周天時空方位之氣數有所不同，故數中之元靈入胎的時空及方位有吉有凶，得吉數者靈感智慧強富貴一生、得凶數者靈感智慧弱命運坎坷，吉凶禍福皆因受孕三個月內「四大生命元素」組織完成即成定局。

姓名命名或更名之數值吉凶絕非固定數值，因爲每個人先天四大生命元素所組織之命格數值不一，所需之數值產生吉凶亦不相同，所以姓名之筆劃數必須依照《皇天元神億數》個人先天命格之數值，依據個人先天本命之吉數取用，不但可以選擇吉祥的名字，更可以扶補先天「靈感智慧」之不足，化解先天所帶來之凶禍，使人生之命運走向光明前途，即是命名或更名之重要原則，絕非市井所取八十一數固定筆劃數斷吉斷凶。

姓名固定筆劃數論吉凶　誤人誤世

中國有五千年之歷史文化，河圖、洛書、八卦、五行術理無所不精，文字進化專美於前，可笑的是：區區一本《日本熊氏姓名學》流傳到台灣之後，不少姓名學家依樣畫葫蘆，搞得市井書坊幾乎所有的姓名學都以此書爲依據大作文章，如今少說也有數十本姓名學書籍，是眞是僞惟有作者及行家心知肚明。

請問讀者及姓名學之道中人，有關歷史文化、河圖、洛書、五行、八卦、易學理數等等，那一樣不是我們老祖先研發創造出來，然後慢慢的流傳到日本以及世界各地，如今《熊氏姓名學》將五行魚目混珠流傳入台灣欺世蒙人數十年，如果先聖老祖宗在天有知必定顏面無光，後學者又那有立足之地呢？

姓名學八十一數斷吉凶荒謬至極，許多自以爲五術中人，不明究理不用心研究便隨風起浪，不分青紅皀白，以此熊氏八十一數之吉凶替國人命名或更名，實有負聖賢之敎誨。

八十一數吉凶論姓名吉凶師出無名，從理論至實用皆難以服人，若以八卦九宮之

「乾九」爲天數，取九乘九等於八十一數，然後取一至八十一數內所有的數字列分有吉數及凶數之別，毫無道理可言，就更無法令人相信了。

讀者不妨依照熊氏八十一數所言之：二、四、九、十、十二、十四、十九、二十、二十二、二十六、二十八、三十、三十四、三十六、四十、四十三、四十四、四十六、四十九、五十、五十一、五十三、五十四、五十六、五十九、六十、六十二、六十四、六十六、六十九、七十、七十四、七十五、七十六、七十九等以上皆爲凶數。

又言：一、三、五、六、七、八、十一、十三、十五、十六、十七、十八、二十一、二十三、二十四、二十五、三十一、三十二、三十三、三十五、三十七、三十九、四十一、四十五、四十七、四十八、五十二、五十七、六十一、六十三、六十五、六十七、六十八、八十一等數爲吉數。看看自己周邊的親朋好友，以及政商名流之姓名筆劃算算看，得吉數者是否皆吉，得凶數者是否皆凶，便一目瞭然了。

國內有不少自稱爲姓名學大師，明則以姓名學論命吉凶，實際上暗中套命學作爲論斷基礎，無形中替僞論辯護，強詞奪理，反倒滅自己學術，這又何必呢？不如用部分靈感啓發自己的智慧，創造我們自己的學術精華來得實際些！

三才五格侍商権

大陸文革之後台灣可以稱得上爲「五術王國」，從老祖宗流傳下來的文化學術，如：河圖、洛書、先後天八卦、易學、五行……等等，無一不在台灣的五術文化中生根發芽「雜配」濫用，若論成長則有言之過早。

雖然有很多好學者，但絕大多數的人進入五行之門後便一味求速、求利、求名心切，忘了五術基本倫理道德，不知道如何啓發自己的靈感智慧將老祖宗的秘學掏出來，倒是撿現成的心態處處可見，譬如說要自己拿出眞學實力寫一本書那要花上多少智慧、功夫、及時間，倒不如多看幾本書東拼西湊，很快就完成了自己的著作：「文抄作品」。如果不信，讀者可以到書店翻翻看看，有關姓名學的書皆大同小異，大都是採用日本熊氏姓名學的架構，加上作者的部分見解東抄抄西揍揍，這樣的書册對讀者來說難道會是「奇貨可居」嗎？

所謂三才五格即是「天格」、「人格」及「地格」加上「外格」及「總格」，其中以姓的筆劃加一數稱之爲「天格」，以名字最後一字筆劃加一數稱之爲「外格」，我想請教這「一」從哪裡來的，有何意義，我們不明究理可以任其「無中生有」嗎？我們可以不問明白就迷迷糊糊用這種莫名其妙的方法命名或更名嗎？如果不明究理而行之，熊氏可能會笑我們台灣人不懂姓名學，好欺騙，或視中國沒有姓名學，把我們玩弄於掌中，前輩流傳的文化學術在他們的眼中只是浪得虛名而已。

濫用五行誤世人

五行「金木水火土」可以說是五術的根本學術之一，但是五行並不一定在五術中任何一門或任何一派學術都必須用上，因爲五行生剋有它的必要以及極限範圍，後人研究術理，似乎非五行不成術的觀念往往衍生在腦海中，並且將五行濫用到無限上剛，以致五行濫用誤世人，或因五行濫用創造門派塑造僞術風格，著作僞書暢銷市井亦不在話下。

姓名學三才五格濫用五行的程度早已喪失學術理論精神，熊氏架構相傳下來的姓名學感染後學或作家極爲嚴重，將「木火土金水」納入十數字依順序如：一、二謂甲乙東方木。三、四謂丙丁南方火。五、六謂中央土。七、八謂庚辛西方金。九、十謂壬癸北方水。然有合乎後天天干順序五行之說，但事實太過牽強附會，說穿了就是依天干順序融入方位五行而已，姑且不論使用的方法如何，單憑實用驗證就不足以採信。

數即是氣、氣亦即數，所謂「氣數」意在引動或啓示標的，姓名是後天使用的工具，可以彌補本命先天不足是很正當的說法，即是補先天不足，爲何不採用河圖之先天五行呢？如一、六數爲北方壬癸水。二、七爲南方丙丁火。三、八爲東方甲乙木。四、九爲庚辛西方金。五、十爲中央土。用此先天五行不就更合乎理論嗎？其實這種論述是河圖依據大自然的形象訂定先天五行，絕對不宜併入姓名學畫蛇添足。

姓名學應用並不需要先天五行，而且五行之說未順應時代演進早已成爲落伍的思想不能適應現代所需，重要在於你能不能找到父母受孕後「入胎的元靈」，它擁有的先天氣能帶來多少「靈感」、「智慧」，需要從那方面去扶輔不足之「氣」，提升潛在「靈感」、「智慧」的能量，用什麼「氣數」命名可以啓發潛在的才華，發揮生命中的光芒，使人生走上富貴之路，而不是固定筆劃吉凶或孤注於五行團團轉，以致誤導人生命運的方向。

五音論五行多此一舉

古時候演奏樂器以聲樂辨五音納五行，是爲了要達到優美的韻律，後來五行家將五行納音配天干地支化合謂之六十甲子納音五行，數千年來行家取現成之納音五行爲用，有誰去探討過是否實用，有誰去辨正過如何修廢。

又有五行學者以喉、舌、唇、牙、齒列爲五音，獨缺少鼻音，將五音納入五行，如：喉音納土、舌音納火、唇音納水、牙音納木、齒音納金等說法。

如喉音用「ㄏ」發音、爲何納音屬土。

如舌音用「ㄕ」發音、爲何納音屬火。

如唇音用「ㄨ」發音、爲何納音屬水。

如牙音用「ㄖ」發音、爲何納音屬木。

如齒音用「ㄓ」發音、爲何納音屬金。

由此可見五音納五行只是古時沒有注音符號可用，則以五行「金木水火土」牽強附會取而代之，如今有注音符號又何須用五行「金木水火土」之納音，由此可見人文發音之進步五行五音早已廢了，姓名學若以五行音韻做爲命名或更名發音押韻也未免太老化，太古板了吧！

本書命名、更名，採用《皇天元神億數》，先看先天四大生命因素所帶來的靈感智慧強弱，個性、性向，以及先天帶來的宿疾或健康等問題，這些足以影響後天人生命運吉凶，然後以數取其「氣」命名或更名扶輔靈感智慧，趨吉避凶。

如四大命星帶「天罡星」，性格剛烈，名字最後一字宜取柔音。

如四大命星帶「福德星」或帶有「空亡星」，性格太善良或憨厚，反應遲鈍，名字最後一字宜取剛強並有震撼作用之音。

如四大命星帶「元神星」或「中分星」，性格搖擺不定，思想分歧，命名或更名最後一字不宜長音，宜帶頓氣果斷之音。

如四大命星帶「文昌星」或「乾坤星」，天賦陰陽剛柔並濟性格，命名或更名宜以中庸爲佳，有剛柔並濟之功效，不宜損傷原命格。

如四大命星帶「鬼神星」或「財官星」，頑逆貪瀆，命名或更名宜選擇上剛下柔爲佳，可制先天帶來不良性格。

如四大命星帶「主運星」，命名或更名宜緩和其氣以防衝動而誤事。

如四大命星帶「齊光星」，爲首領級人物，命名或更名宜尊而帶謙之氣，更不宜有傲氣……。請參閱本書後段分析。

名字呼喚產生靈動感應得富得貴

人類是生物中最有智慧的動物，不論萬物中的動物、植物，以及任何物品，只要被人類發現之後便會爲它取名稱呼，作爲大家認同呼喚的工具，或爲辨認物質的名詞。

每一個人都有自己的名字，或供人呼喚，或爲自己使用都有相當的意義，好的名字會產生靈動反應，被呼喚者快速從心靈中得到啓示，啓發靈感智慧，從裡反應到表，表裡合一精神特佳，處理事情便可隨心應手，相對可以達成目的，成功的希望搶先一步，當然優先發富貴。

反之，名字取得不好就不會有靈動反應，被呼喚者也許呼叫數聲似乎沒聽進耳裡，縱使聽到了也許反應冷漠，一副懶洋洋無精打采愛理不理的樣子，使對方在第一時間的反應就不會有好印象，即使對方是你的貴人有好消息要相告，可能語未出口隨即吞回，這樣的名字即使命中有大富大貴也會因此而受損。

好名字可以帶給自己心中的喜悅感，增進信心，有提神之功，當你在思考事情的時候，從內心呼喚自己的名字鼓勵自己，定可以從心靈中冥生靈感智慧，說不定可以排除眼前的障礙幫助自己解決萬難，減少很多不必要的困擾，總比求人要眞實可貴。若是名字取得不好連自己都厭聽，必定不可能用自己討厭的名字呼喚自己，慢慢會感受到失去自己的存在，相信絕對很難從心靈中啓發出什麼創意思維，遇上困難可能自己也無能力解決，求別人可能更難上加難了。

總而言之，名字好與不好就如同我們穿衣服一樣，雖然有形與無形有別，但心靈上的感受卻沒什麼分別，合身又喜歡的衣服穿在身上別人讚美，自己也會歡心，當然感到順心如意。如果身上穿著不合身又不喜歡的衣服，別說自己感到不舒服又心煩，別人的眼中也會感覺奇怪或異樣，那麼在交際社會中必定身價矮了半節，自己沒信心，不就等於未逢敵手先投降了嗎？經常如此還有什麼富貴可言？

名字不在乎文字登記

很多人問我：更名之後身分證登記的舊名字是不是要更改，還有其他所有的證件也要一起更改嗎？

其實名字是一種相互交往呼喚辨識的工具，代表每一個人自己的符號，這個符號別人呼喚利用的時候，就如同替你亮相，振奮心靈，啓發沉眠中的「靈感」、「智慧」。自己呼喚自己的時候可以從心靈中找到啓示，希望自己替自己找出一條明路，並且從心靈中找到自己需要的答案，塑造出自己眞實的能力。

名字是工具，就像我小學三年級買了一雙球鞋穿了一次，就把它收藏起來，等到四年級的時候這雙球鞋不能穿了，這一年中有球鞋等於沒球鞋，腳丫子還是一樣受苦受凍，這就證明物以適時而用，名字亦同，登記在身分證上不用則無益，好的名字呼喚使用，受益無窮。

如果你有兩部汽車，一部停在車庫裡從來沒動過，一部天天都開出門代步洽商，或載運貨物，停在車庫裡從來不用的那一部汽車就如同身分證上登記的那個名字，登記後就放在那裡從來沒有用過。另一部汽車天天代步洽商或載運貨物，與你同進同出，命運息息相繫，就如同你時時刻刻被人呼喚的那個名字，你說這兩個名字哪一個會跟你產生效應呢？

更換名字不能當成收藏家把到手的貨品鎖在庫房裡待價而沽，更名是為了亮相，提升自己的身分，喚醒自己的心靈啓發靈感與智慧，創造自己的前途美景，使用越平凡越能幫助自己，如果只爲了身分證或其他證件登記之用，我坦白告訴你，沒有意義，何須多此一舉呢？

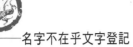

吉利字句命名　行運未必吉利

有些父母爲子女命名總是喜歡取吉利的字句沾沾吉氣，若是先天四大生命元素不如名字之字句吉利，不但未能取得吉氣，很可能適得其反，不能如願，反而在後天行運更爲坎坷。

名字吉利不在於字句之美，不宜有此想法，因爲名字是人與人之間互動的工具，被呼喚者以音韻感應以及知覺反應爲定義，可能自己聽者無意，呼喚者有心，本來想從吉利的名字沾上吉氣，不料卻被有心人「先聲奪氣」，造成無形中施捨或因此傷害自己，隨便舉幾個吉利的名字以供讀者參考。如：

取名「富貴」：先天四大命星無「齊光星」配「財官星」者，本命富貴不大又怎能施捨他人呢？到頭來可能越被稱呼「富貴」，則別人越富貴，自己則不能如願，久而久之富也不在、貴也沒了。

我有一位朋友叫「富貴」，當六合彩組頭，本想大撈一筆，不料大家簽賭都想從他身上贏錢，叫他的名字「富貴」就是要從他身上得到財富，沒多久祖宗留下萬貫家產都輸光了，在他那裡簽賭的人很多都發了財，高興得不得了，有誰會因爲「富貴」輸光而同情呢？

取名「吉利」：先天四大命星無「齊光星」配吉星相照者，自己本來就不是很吉利，別人稱呼「吉利」就是別人爲己謀求吉利，可能吉利不屬於自己，而是別人從「吉利」身上謀求吉利，「吉利」反而狼狽不堪。

取名「四吉」：有一位來算命的客人名字叫「四吉」，我問他哪四吉，他說：「福祿壽喜」四大吉，在我身邊的朋友都吉利，惟獨我自己並不吉，沒多久之後他破產了。

取名「賜金」：就算祖上有遺產上百億，也會因爲「賜金」揮金如土，明施暗濟，到老床頭金盡，若姓上冠「李」則意味著「你賜金」，是呼喚者向「賜金」討金銀珠寶，若加上先天四大命星帶有「中分星」之命格，一生帶桃花劫財，爲女人付出，到老窮困。

取名「大吉」：先天四大命星帶有「天罡星」或「鬼神星」者，血光災禍連連，能保命就算大吉了，公司行號取名「大吉」則「關門大吉」，惟有棺材店、殯儀館、屠宰業宜取之「大吉」，一般商業行號，個人名字皆不宜。

取名「財利」：先天四大命星帶有「主運星」者，一生爲爭財求利勞碌奔波，明進暗出或左手接進右手出，到頭來兩手空空，不欠下一屁股債就不錯了，別想有積蓄。

每個人的心中都想發財求利，呼喚「財利」無非是爲自己求得「財利」，總不會爲名字叫「財利」者祝福他發財得利吧！

如果跟名叫「財利」的人洽商生意，相信你一定想盡辦法要在他身上得到利潤，那名字叫「財利」的人永遠被吃定了。

以上簡列所謂「吉利字句」之名字實則未必眞的吉利，從姓名學的經驗與感觀得知，倒不如取名平俗不傷大雅反而吉利。

名字的字義姑且置於後，命名或更名首先必須注意到「物極必反」的道理，如爬上峰頂再衝只有向下滑落，如用力過猛適得其反，如歡樂盡興防樂極生悲，如用藥過猛毒發身亡等等。

變錢大法篇

人生最需要的是什麼？

我訪問過不少人，「你最需要的是什麼？」

幾乎所有的人都以同樣的語氣告訴我：「最需要錢。」

我時常在想：在這個世界上每個人都充滿現實思想，貪愛財富，實際上眞正最想掙錢的人能得到比別人更多的財富嗎？絕對不可能，因爲滿腦子充滿「錢」的思想，讓自己的思想困在「錢」的小圈圈裡轉，內在潛藏的靈感智慧無法突破表面現實的思想，就不會有宏闊的作爲，哪有時間及空間發現啓發靈感智慧潛藏的另外一個角度，或從另外一個媒介間接開渠，讓錢流進自己的荷包裡呢？我生平遇到不少「想錢」的朋友，我害怕跟他們見面，因爲見了面之後開口閉口總是離不開錢，在他們心目中總是有說不完的有錢人，其實這幾十年來他們都是「用想」的方法去學習人家賺錢的方法，結果樣樣都失敗也賠了不少錢，眞如他們老婆所說：「男人只會出一張嘴」。這就說明只用「思想」不會用「靈感」、「智慧」，失敗的想錢方法賺不到錢。

怎樣才能賺大錢

大家都會說：「錢四支腳，人只有兩條腿，錢跑得比人還快，怎麼追都追不上。」這句話說得一點也沒錯，看看眞正成爲大富翁的人哪一位有追過錢，他們的財富都是經由靈感智慧開創某種管道流進荷包裡的，例如：王永慶先生、張忠謀先生，以及政商人物數也數不清。

錢有四隻腳我們追不上它，但是我們可以不要追，我們可以用「變」的方法把錢「變」進自己的荷包裡，王永慶先生是靠塑膠業「變」錢進入自己的荷包裡，張忠謀先生是靠電子高科技把錢「變」入自己的荷包裡，政治利用權謀把錢「變」入自己的荷包裡，開大醫院把健保局的錢「變」入自己的荷包裡，……也有些人厚著臉皮把別人的錢變爲己有。

「變」表面看很難，其實不難，「變」不是行動，而是潛力的啓發，「變」不可用表面思想或動歪腦筋，很多黑心的政商名流就是動歪腦筋。

「變」可以用潛在內心深處的靈感創造智慧，瞬間交付於思想結合智慧的能力開拓一條屬於自己正面的道路，讓靈感智慧的光芒永遠永遠照亮，它就是「變錢」的媒介，它就是使錢流入自己的荷包裡的溝渠，最好是暗溝少曝光爲妙，若是明溝恐不持久或招災惹禍。

怎樣「變錢」才會成功

變錢的方法很多，變錢也有禁忌，變錢不可將錢的思想裝在腦袋瓜裡，把錢裝在腦袋瓜裡會犯變錢的大忌，因爲想錢想瘋了不但錢不會進到荷包裡，還有可能狗急之下起了貪念闖下大禍，說不定破財傷身或身陷牢獄之災，如此就失去變錢的意義。知名人物蘇小姐遇上「變」錢高手，這些高手用的手段是靈感智慧型的沉默變錢法，蘇小姐便將百萬千萬億萬的鈔票送上門去。

用腦袋瓜子想錢的變錢方法太直接，很容易得而復失，譬如說：向朋友借錢還是要還，動歪主意去搶也會有牢獄之災，不顧安危去賺必定傷害身體，明的賺了錢，暗中付出醫療費得不償失。有人想用錢滾錢放高利，結果連本都要不回來。有不少人一輩子就這樣跟錢進進出出，到老還是沒錢積蓄自認命苦。

如果你會打牌，我告訴你一個秘訣，不必想要贏對方的錢，也不必爲了輸錢緊張害怕，把精神振作起來，啓發潛能強力用靈波感應自己需要的牌支，等需要的牌支出現在你手上的時候，經由牌支媒介，錢就進入你的荷包袋了，總比你單純想要贏對方的錢要順利簡單多了，不過這只是一個比方而已請勿當眞，精神不佳時可千萬莫上牌桌哦！

如果用以上的方法錢還是進不了荷包袋，下次賭錢多帶些鈔票去作散財童子吧！因爲你的靈波不屬於這條線上，也可以解釋說：「沒有賭命」，從此金盆洗手另尋其他方向感應變錢的方法較適合。

三大變錢法

第一、啓發「靈感」變錢法

利用自己的「靈感」啓發靈波感應，如：創造、發明、著作，或從無中生有（亦即沒有的東西創新發現），這些都屬於自己擁有的無價之寶，無形中錢就無限的流入荷包袋裡。例如能啓發「靈感」的律師除了熟知法律條文之外，最拿手還是隨機應變走法律邊緣，鑽法律漏洞，創造法律人人不平等，成爲有名的大律師，當然錢就順著法律漏洞流入荷包裡。

如果當律師只會按照六法全書的條律依法辦事，這種「智慧」型的律師太平凡了，如果遇上「靈感」型的律師鑽法律漏洞，當然「靈感」型的律師一定比較高招，勝算的機會就多了。

第二、組合「智慧」變錢法

分爲兩部分，一：從自己以往至今存在記憶中的「智慧」組合，將腦子裡的記憶串連組合起來。二：爲多人的智慧結合在一起，將每一個人記憶中的「智慧」激發出來，形成一股共同智慧力量並找出新點子，這些「智慧」都是從學習或經驗得來，作出現成的仿製品，或加以改造創新，研究出一條新的發展路線。

靈感與智慧最大差別是，前者爲自己個人的靈波獨自感應啓發「靈感」，但容易流失。後者爲裝在腦子裡的記憶網結合，也可以多人結合組成「智囊團體」，但比靈感落後，其力量也許無比上剛。

領導人物或當老闆必須擁有「靈感」才能創造出新點子，「智慧」方面可以交待屬下動腦筋發展。如果領導人物或當老闆者不能啓發「靈感」創造新點子，那麼屬下的「智囊團」就難有創新的發展，會因爲時代的進步慢慢被淘汰，這樣的經營團隊遲早會把公司拖跨掉。

可以解釋「靈感」啓發活用的新鮮事，行動在人之前，勝利在握，可以輕鬆發富貴。「智慧」是記憶中的往事，陳年的「死物」就算拿出來串連得上，也是仿製或廢物再生。

第三、思想變錢法

靈感與智慧皆屬「裡」，思想是「表」，表裡反應不一，靈感是靈波的接觸反應進入記憶裡，智慧是學習及經驗儲存在記憶裡，思想是眼觀，耳聞、鼻嗅、回想往事，肢體觸摸感覺，反應想做的事情，通常都帶有誘惑感，容易性急，或因誘惑欠思考，容易衝動誤入陷阱。

以上各項思想反應之人從事各行各業最多，皆屬落後者，跟隨別人腳步走，也許他人的夕陽行業成爲自己的創業，往往是最後一隻老鼠，不但賺不到錢，有可能血本無歸。

當然「思想變錢法」也有部分人賺到錢，但多數是短期賺錢，要想長期發展則領導者必須要有強烈的「靈感」出點子，以及「智慧」的研發或事業重整才能突破瓶頸長期有利營運，否則營運不佳，中途夭折處處可見。

利用自己擁有的「變錢」工具

老朋友一年不見，甚至兩三年不見，搖身一變成爲有名的商業鉅子、企業新貴，或發財成爲富翁，成功的例子也許就在我們身邊可以找到好幾位，有時候會抱怨自己爲什麼會不如他們，接著替自己設下目標拼命去完成心願，可惜拼了數年亦一無所有，弄得垂頭喪氣，結果還是回到原點，說不定越陷越深連再翻身的機會都沒有，爲什麼會這樣，除了只知道失敗或找藉口安慰自己之外，幾乎沒有人找到眞正的原因。

在此我舉出一個理由與讀者朋友們共同商討互相勉勵，你我都有可能在短時間內有成功的一天。

現在我把「靈感」、「智慧」、「思想」分開來談談，必定可以找到原因，得到較爲正確的答案。

一、首先我們先談談「靈感」，靈感是智慧精神激勵後從心靈中產生一股靈氣，這股靈氣就是我們所謂的靈波，從體內散發出來，與宇宙子光氣中的「靈光氣」接觸，由於「靈光氣」是「靈」之氣與我們的靈波有互感作用，散佈在宇宙中的「靈光氣」會給我們帶來訊息，接觸「靈波」之後輸入腦波裡儲存，使智慧網站不知不覺「無中生有」，如此多次或多方面的輸入腦波內，必定會促使智慧反應，這時候智慧與思想會互相溝通交換不同的意見進入思考階段，成為「無中生有」的案子，案子確定後，才把案子交付於身體行動，這種由靈氣引發到人體產生行動，帶來的效率必定很高，成功的機會也比較大，這就是無形中感應有趨勢可循，由上至下「漸進思考」的方法，屬於最佳的靈動力，成功率最高。

二、其次我們談談「智慧」，智慧強者，代表智慧網路廣泛，網站密集，這種人頭腦好，記性強，可以從多方面學習，可以將歷往的經驗記憶在智慧網站儲存起來，什麼時候要用到就可以隨時搜集相關資料串接，很快就有答案出來，不過這些都是從人生學習以及經驗累積起來的歷練。

靈感、智慧、思想三大要素，以智慧居中，沒有靈感啓發缺乏「靈氣」引導，不能先知先覺無中生有，全靠腦力運作容易精神疲勞，以及患精神上的疾病或腦部等疾病。當然創造、發明的功能遜於靈感。

智慧只能從歷往的學習以及經驗結合成一個方案去運作，在行事上就比較保守穩重，通常都會三思而後行，也比較不具有爆發性，成功的機率高，但不具時效，因爲單憑學習以及經驗所得到的智慧，大致上都有「過氣」的味道。

三、第三我們談談「思想」，每個人的思想都是見物、觸物、耳聞、鼻嗅、回憶往事等引誘而感應出來，它是從下往上逆道走回頭路，而且有強力的誘惑感使人嚮往、使人著迷，因爲所見、所聞、所觸……喜愛上，嚮往時，情有所鍾，很少有時間交給智慧去過濾，或因受到現實感受引導便一頭栽下去，除了少數幸運能成功或少數有救之外，大多數是怎樣中傷，怎樣戰死沙場自己都來不及知道，世上這種人最多，常利用思想創業做事而失敗的人，我有一句話要奉勸：「盡快學習應用自己的『靈感』、『智慧』，不然就乖乖認命，做個平凡的人會比較幸福。」你相信嗎？

總而言之：反應思想從下往上，逆道走回頭路，都是跟著別人走，別人能走而你未必可行，也許是別人走的末路你去接棒，當替死鬼，世上很多自以爲聰明人偏偏走上這條最笨、甚至笨到無法回頭的路。

※再次提醒：「靈感」具有創造、發明，以及領導之最佳能力，即使有失敗也很快會東山再起，故「上」爲靈感。

「智慧」具有謀略、佈局、保守、穩重之智囊人物，不做沒把握的事，成功率高，行事按部就班不魯莽，故「中」爲智慧。

「思想」容易受到誘惑，慣用思想難成大事，必須配合靈感與智慧，否則常因一失足成千古恨，故「下」爲思想。

靈感→智慧→思想，由上而下順勢而行是最正確的方法。

思想→智慧→靈感，由下而上逆道而行，勞而費時是最不正確的方法。

找到自己變錢工具　創造富貴幸福

每個人都有天賦的「靈感」、「智慧」，它就是變錢的工具，藏在自己心中看不到的本錢，一生的富貴幸福都需要靠它，沒有它必定難成大事，沒有它就像是沒有舵的船航行在茫茫大海中，遇風浪則翻覆，沒有它只依賴思想在人生的道路上盲目行走，一定走得很坎坷，一生羨慕別人發富發貴，埋怨自己不爭氣又能怎樣呢？爲什麼不反省自己在哪方面不如人？

雖然每一個人的「靈感」、「智慧」強弱不一，但這不是最大的問題，最嚴重的問題是自己的「靈感」、「智慧」從哪裡來都不知道，要怎樣應用也莫名其妙，就如同買了工具回來要用的時候忘了，或是明知道有工具放在那裡，卻一直想不起來或派不上用場，有工具等於沒有工具一樣的意思，如果把工具存放在容易腐蝕的地方，經過一段時日之後就不能用了，「靈感」、「智慧」也是相同的意思，時常不用它就會睡著。放錯地方日久也會腐蝕，想要用的時候已經不堪使用了。

有些人天天想發財想到發瘋，「想」只在思想上打轉有什麼用，眞的想發富貴就得找出變財工具——「靈感」、「智慧」，因爲「靈感」、「智慧」是自己先天帶來的寶藏，若能充分使用定可滿足一生的富貴，源源不斷供給需求。

姓名與富貴

研究姓名筆數吉凶之人都以筆數作爲吉凶定義，筆數吉謂之得福發富貴，筆數凶謂之得禍必貧賤，此法何等不智而且無憑無據不宜採信。

姓名是輔助命運的工具，它絕對不是主掌命運的主神，不宜將命運的吉凶禍福及富貴貧賤全歸於姓名之吉凶，扭曲生命命運。

《皇天元神億數十生命元靈》取姓名筆劃「氣」與「數」作爲輔助先天命的工具，補先天靈感智慧之不足，使後天行運更爲順暢，如先天命格帶「鬼神星」、「中分星」、「地煞星」、「空亡星」……之「氣」與「數」皆爲不利後天行運，以致後天行運坎坷，《皇天元神億數十生命元靈》應用在姓名「氣」與「數」，取用「文昌星」、「齊光星」、「乾坤星」、「主運星」、「財官星」……之吉星「氣」與「數」相輔或制化，如此即可以增強靈感智慧，改變命運，利用靈感智慧發揮自己的潛能達到發富貴、升官發財的目的，而不是姓名筆劃吉就可以發富貴，姓名筆劃凶就會發凶禍，是以姓名筆劃數之「氣」與「數」影響到生命所帶來的靈感智慧強弱，產生吉凶禍福富貴貧賤之變化。

皇天元神億數　助你找到「靈感」、「智慧」

不要把錯誤的觀念永遠刻印在腦海裡。

出生年、月、日、時，不是生命的開始，「靈感」、「智慧」也不是出生後才來到人身上，怎麼能將出生「年月日時」當成自己的命呢？

生命始於父母受孕八十三天至九十天內「陽元靈」入胎時，元靈附體啓發「靈感」、「智慧」即是生命的開始，若不信可以問問自己，未出生之前什麼時候就開始在母親的肚子裡玩耍？那就是有生命才會在肚子裡動，你說是嗎？

生命的意義不單是名詞，它具備了四大生命元素組合而成，以下做簡單分析。

一、基　因：父母的基因組織成人身肉體，供給「靈感」、「智慧」、「思想」使用的工具。

二、基因之氣：這股氣是人性遺傳，從祖宗父母遺傳下來的靈氣，如性格、形象、健康、宿疾等等，它是人性元靈組織而成，稱爲「陰元靈」，有了「陰元靈」才會吸引「陽元靈」入胎。

三、父母元靈氣：除了祖先遺傳之氣以外，尚有父母本身的後天環境變化、心靈、身體健康……等等遺傳。

另外父母受孕時本身所吸取的子光氣含帶「靈光氣」，隨從精子和卵子的組合成為「先天之氣」，「先天之氣」是幫助「陰元靈」選擇「陽元靈」的媒介，攸關第四項，與「陽元靈氣」有密不可分的關係。

四、宇宙子光氣：宇宙子光氣含有「靈光氣」，經大自然以及時空的變化，「靈光氣」則物以類聚，氣聚旺而成為「陽元靈」，此靈氣在宇宙為「靈」，進入胎兒體內則帶來靈感與智慧，與第二項「陰元靈」結合組織為人之——元神。

《皇天元神億數》之數值自一一九〇〇起至一五四七〇〇止，在此數值之內類分為十二道子光氣，凡「陽元靈」入胎之宮位、方位、星宿、數值皆不同，以致每一個人產生出來的「靈感」、「智慧」、「思想」亦不相等，要知道自己的靈感智慧強或弱，惟有從《皇天元神億數》的數值中才能瞭解。

從以上四大生命元素之簡介，相信讀者對自己生命之由來必有初步概念，閱讀本書之後再閱讀我之前的著作《張朝閔教您如何找到先天富貴命》、《張朝閔教您如何創造富貴幸福命》，讀者定可對自己的生命瞭若指掌，發揮光芒。

生命之源由篇

生命從天而降或是從母親的腹裡鑽出來

冬去春來難得有溫暖的陽光，幾位學生相約去郊遊踏青，經過鄉間的小市集，有一群人聚在那裡交頭接耳，我們很好奇、也過去湊湊熱鬧，鑽進人群裡赫然發現中間有一個人正在報「樂透彩」的明牌，有些人七嘴八舌的說：「他能通靈，上期報五支中三支，好準好準哦！」

仔細觀察了幾分鐘後發現報明牌的那位老兄有點神精異常，並且帶有幾分神秘感，樂透彩開六支牌號，那位老兄只報了五支號碼，另一支牌號從不報出來，又有人在一邊嘰哩咕嚕的說：「報是報很準，但從來就不報第六支牌號。」報完牌號之後人群也漸漸散去，我好奇的向前問道：「你怎麼知道下期會開出什麼牌呢？」這位老兄瞇著眼睛用閩南語告訴我說：「面頂甲我講也。」（上面告訴我的）說得這麼肯定，好像眞能通靈的樣子。

果眞厲害，當天晚上樂透開獎他報的五支牌就中三支，第二天我的學生想要瞭解這位老兄是不是眞的能通靈，便自行駕車前去尋訪，可惜沒見到人，四處打聽的結果才知道他居無定所，四處流浪，想來就來，沒來也許到別處報牌去了。

數隔多日，有一位醫師來我這裡要我幫他剛出生的寶寶命名，我順便問他：「你當醫師這麼久，可知道人的生命是從哪裡來的？」這位醫師愣了一會兒說：「從父母的基因結合後，孩子自肚子裡生出來的，生命也是如此呀！」我笑笑說：「你只是從科學的觀點告訴我，好像不夠明確，想想看是否還有其他因素？」醫師想了一下接著又說：「生命難道會從天上掉下來不成。」

我回答道：「你的補充說明確實完整多了。」

醫師瞪大雙眼看著我，心裡面以為我回話太玄了或許把他當傻瓜，這時候我想向他解釋，但是，如此複雜的事解釋太費功夫了，若是斷章取義說說倒不如不解釋，免得他一知半解，又沒有科學依據怎能說服了他！不如等這本書出版後再送他一本也不遲呀！

親愛的讀者，《皇天元神億數十生命元靈》有很充分的理由告訴你生命從哪裡來，以下有深入分析，不妨用心研究一番，生命是從母親的肚子裡鑽出來或是從天上掉下來，並且告訴你生命是多元素組合而成，瞭解自己的生命從哪裡來，以及生命的結構，一定可以替自己增進生命知識，更能掌握自己的生命及命運，幫助自己的人生走上富貴幸福大道。

生命始於宇宙之光

宇宙日月星辰分佈周天運行，能發出光者謂之爲「主光體」，被主光體照射，承受其光者謂之爲「發光體」。發光體反射出來之光到達或接近另一個星球者謂之爲「受光體」。

發光體之光傳達到人類生存的地球謂之爲子光線，當子光線發射到末端，光熄滅之前，即與光線分離產生「光因子」，斷斷續續的子光線，便會產生出很多「光因子」。

主光體散發出來的光，其剛陽之氣特強，足以毀滅宇宙萬物，是故主光體爲「陽」，陽以動之是其本性。

受光體本身無光有澤，能吸光，有潤光之功，是故受光體爲「陰」、陰以靜而伏陽，謂之以柔制剛、陰陽合化。

主光體之光到達發光體後，產生「生成」作用，說其「生成」作用是「易學」之引用詞，實際是分裂，將光之「面」分化爲「點」或爲「線」，降其主光之陽剛力道。

宇宙子光線弱則氣盛，強則氣剛

主光體散發出來的光，投射到發光体產生分裂效應之後，形成點，由點連成線，此光線謂之為「子光線」。

子光線行逕非直線，而是以同類子光點相連，光質是由剛轉柔，由強轉弱，逐漸將陽剛之質消耗，累聚光之「氣」越聚越旺盛，亦可稱之為「光精」，所連接之光點越多其光氣越為旺盛，故以光取其氣產生生化作用。

宇宙萬物大部分都能產生分合效應，如有形之水流合則分、或分則合。如無形之氣流亦能合則分、分則合。

光分裂成點後，質類不同則排斥或撞擊謂之分，質類相同者相吸而連成光線謂之合。光年時空越長遠，陽光之質被逐漸消耗之後，剩餘之氣就越旺盛，此時肉眼已無法見到光芒，但是其氣尚存，謂之為「光因子氣」。

宇宙光因子分陰陽之別

發光體所產生出來的光線，接近受光體之表層或到達受光體之地面時，必產生物以類聚，使光因子之氣越聚越旺盛。

子光線之末端熄光之後，所產生的光因子氣聚於沒有水氣之空中謂之為「陽光因子」氣。到達受光體之地面，光因子氣得到水氣化合後謂之爲「陰光因子」氣。陰光因子之氣爲生，陽光因子爲成，此陰陽光因子氣相合產生「陰陽生成」效應，即是「子光氣」。

生命的營養——宇宙子光氣

宇宙大自然中能創造生命元靈氣惟有「子光氣」，子光氣亦有陰陽之分別，地面之陰光因子氣上升與空中之陽光因子氣化合者，謂之爲「陽子光氣」。空中之陽光因子氣下降與地面之陰光因子氣化合者，謂之爲「陰子光氣」。

從陰光因子與陽光因子合化後，所產生出來的陰子光氣以及陽子光氣是宇宙生物惟一必須的產物，沒有它的存在，宇宙絕對不會有生物（如動物、植物、微生物），當然人類也包括在其中。

子光氣水火既濟

子光氣到達有水氣的受光體（如地球），必會產生水之餘氣與火之餘氣的生化效應，因爲子光氣是從主光體的剛陽烈火產生出來之火氣，遇上地球表層之水，則水被蒸發成水之氣。

此兩股「水」、「火」之氣取其「精氣」，即「眞元之氣」爲用。

當子光氣到達受光體（地球）表層時即與水的「眞元之氣」合化，合化後謂之爲「陰子光氣」。

因爲受光體表層水的「眞元之氣」比火的「眞元之氣」旺盛，爲了達到水火之氣中和，陰子光氣會向空中吸引其他的陽子光氣，如此可以日益擴增子光氣，使子光氣越聚越旺盛。

先天之氣

所謂「先天之氣」，就是子光氣合化後所產生出來的，因爲宇宙中有一億四千二百八十萬條子光線亦有相等的「子光氣」，我們每一個人的體內都需要「子光氣」，但是每一個人的先天之氣不同，所需要的子光氣也不相同。

當男性與女性交歡的時候，子光氣會跟隨精子及卵子進入婦女的子宮內，精子與卵子受孕之前，男女雙方的子光氣便開始合化，合化之後就是未來寶寶一生的「先天之氣」。

精子與卵子受孕成功之後，先天之氣便附於孕兒的身上，未來寶寶在人生中的靈感智慧良莠，完全決定在受孕時得到的「子光氣」所合化的「先天之氣」。先天之氣優良，能選擇靈感智慧超強的陽元靈伴隨一生發大富大貴，蔭父母幸福。反之，先天之氣若是不良，只能選擇到弱勢的陽元靈入胎伴隨一生，當然就終生貧賤或叛逆不孝，父母受苦受難。

受孕造命圖

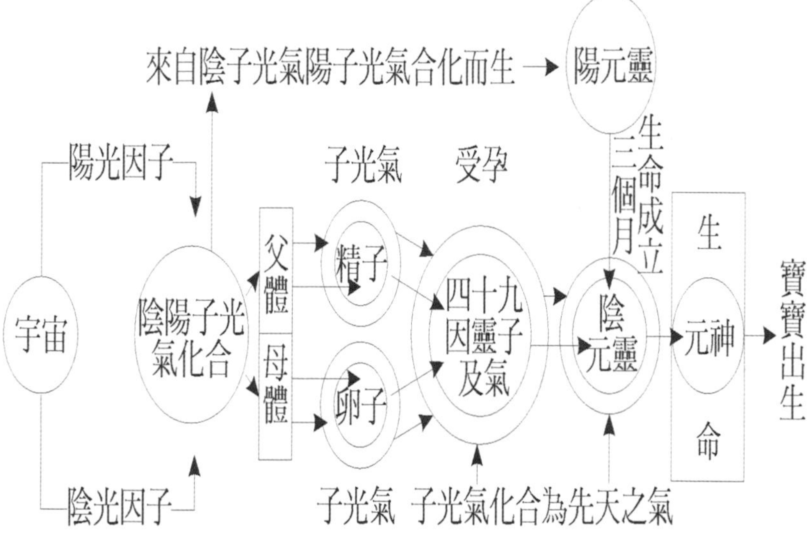

選擇受孕那一刻
- 決定寶寶的靈感智慧及富貴貧賤
- 生好寶寶蔭父母，一生富貴幸福

生命結構圖

靈感智慧來自『先天之氣』，創造富貴貧賤皆因『人之本性』惡習禍延人生

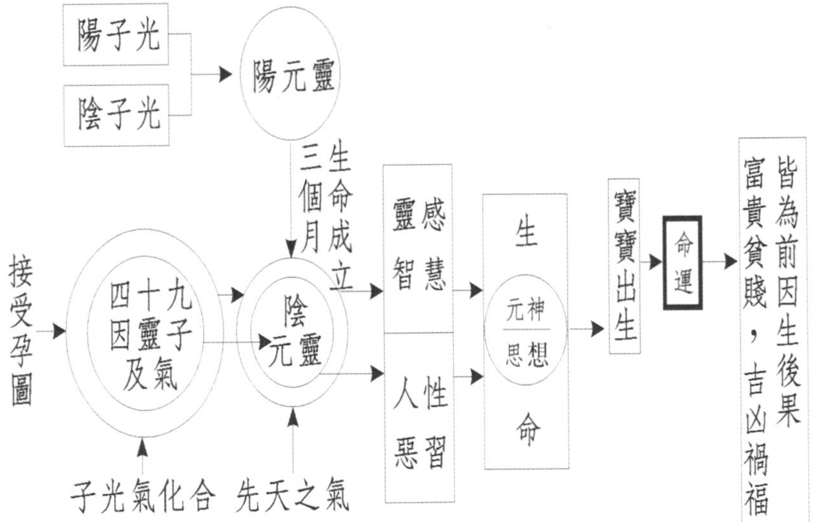

啟發靈感智慧剋制人性惡習，是成功的富貴中人。

啟發人性惡習利用靈感智慧，是無惡不作的敗類。

生命元靈、心傳大法篇

生命元靈流程　解剖人類萬世之迷

★選擇受孕　生富貴子女，父母幸福。

★命運坎坷是先天元靈受阻礙　化解阻礙走上人生幸福大道。

★看圖知命　研究富貴從哪裡來？

★禪定靈修必讀圖典。

生命元靈流程圖含概「先天、中天、後天」，即道學所云之「天、地、人」三界，也是宗教家所謂「前世、今生、來世」三世因果輪迴，圖中玄奧，有賴讀者深入研究，慧根厚者，必能體會出人生的奧秘，禪定靈修之道友獲此《生命元靈圖》，相信可以使您的元靈氣功力更加進步，惟因圖中流程「天機重重」，朝閔才疏學淺，不敢冒然將玄竅註解公諸於世，學者若秉持恆心，心無雜念，必可悟出個中道理，找出一條光明大道，望道中朋友體諒。

常言道：「有多少體力挑多重的擔」朝閔今後願在能力範圍之內，若得聖祖允許，定將所學分享有緣人。

生命元靈心傳大法

談「心傳大法」可能有部分讀者以爲是我在賣關子，會問：「現在什麼時候了，還談『心傳大法』？」其實儘管時代再進步，「心傳大法」還是會一直不斷流傳下去，因爲事事有很多玄奧妙不可言，事事有很多不單是靠眼見耳聞就可一步登天，所以「心傳大法」是用來開竅學者的靈感智慧末段神經靈感，好學者可以利用「心傳大法」促使自己的心靈融入學術理論，從進步中得到善傲，學而不倦。

上一代的長輩們常說「入神」兩個字，大家對這「入神」兩字不甚瞭解，大多是以淺意識體會爲做事認眞用心或專心某件事情而已，其實不然，「入神」的正解是將自己心中的元靈氣全神貫注融入在某件事物裡面，甚至周邊的動靜都不會分心感應，這就是「入神」，也可以稱之爲「心傳大法」第一道竅門。

口授或文敎皆可以請明師指導，「心傳」是師不教而有師可教，其師是自己的元靈融入事物，先如惑而後如癡、癡而醉，自有外界元靈與你的靈波溝通產生靈感，感應腦波神經產生智慧，徹悟開竅，則師無形敎於有相，是謂靈修。

舉例說：著名的音樂家能如癡如醉演奏出美麗動聽，扣人心弦的韻律，他除了體練之外，最重要還是自己的元靈與樂器融合一體，將自己的心靈傳入樂器中，所以他可以演奏出常人演奏不出的韻律，但這不算通靈，不可認爲是通靈法，只能說是對特定某件事物獨特的靈修而已。

《張朝閔教您如何找到先天富貴命》這本書之前段談到我的「心修體鍊之路」，自幼入眠之前耍蓮花座，當時只是好玩而已心無所求，亦不覺得辛苦，無意中卻成爲我靈修入竅之門。所以說：有些事情冥冥中會無形傳送入你的心靈中，不須有所求則必有所獲。可是有些事情刻意去追求，卻因毅力不堅或心靈起了動念而自動提前放棄，因此前功盡棄。

我知道你對本書的疑惑在哪裡，你是否感覺到似乎少了一把鑰匙，打不開《皇天元神億數生命元靈學》那扇門。我告訴你，你所需要的就在〈生命元靈流程圖〉以及〈生命元靈流程與子光星盤圖〉中。聖祖指示：願你對《皇天元神億數生命元靈學》能深入靈修體鍊之後，從圖中領悟「心傳大法」，教無形於有相，便可悟醒其中之道理，所謂「青出於藍勝於藍」只此一竅，莫如時師止於學而誤於學。

生命元靈流程圖

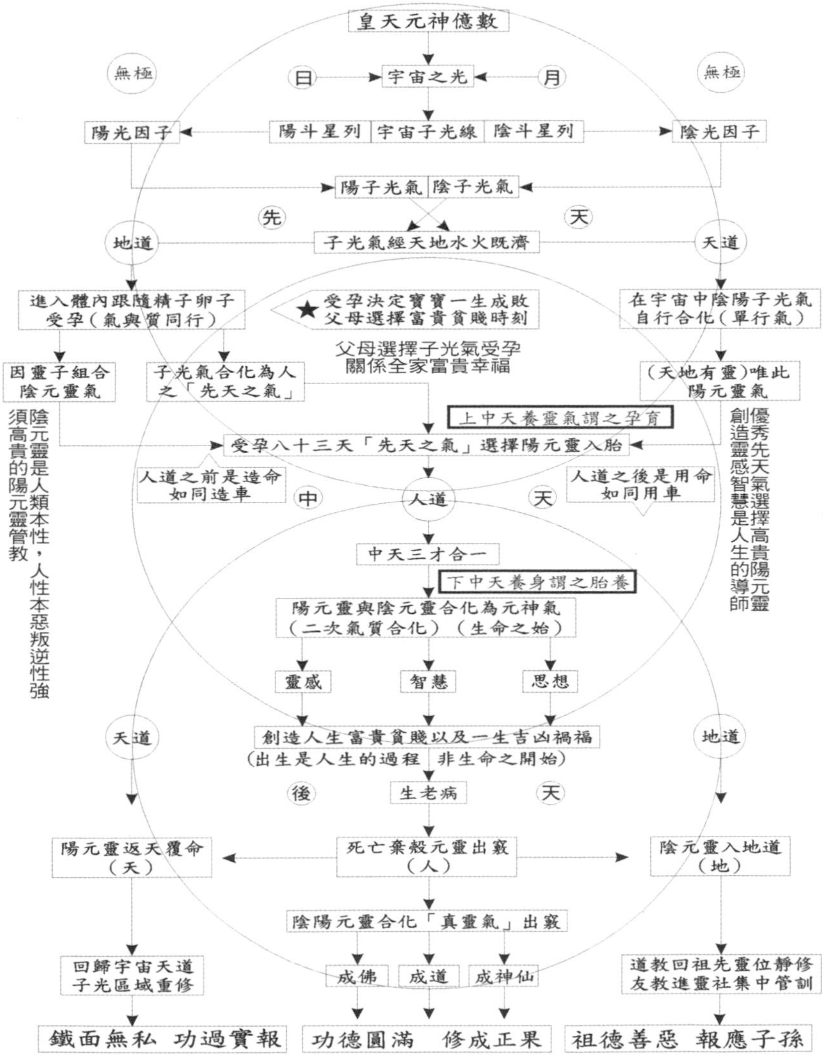
皇天元神億數
無極
日
宇宙之光
月
無極
陽光因子
陽斗星列
宇宙子光線
陰斗星列
陰光因子
陽子光氣
陰子光氣
先
天
地道
子光氣經天地水火既濟
天道
進入體內跟隨精子卵子
受孕（氣與質同行）
★受孕決定寶寶一生成敗
父母選擇富貴貧賤時刻
在宇宙中陰陽子光氣
自行合化（單行氣）
父母選擇子光氣受孕
關係全家富貴幸福
因靈子組合
陰元靈氣
子光氣合化為人
之「先天之氣」
（天地有靈）唯此
陽元靈氣
陰元靈是人類本性，人性本惡叛逆性強
須高貴的陽元靈管教
上中天養靈氣謂之孕育
優秀先天氣選擇高貴陽元靈
創造靈感智慧是人生的導師
受孕八十三天「先天之氣」選擇陽元靈入胎
人道之前是造命
如同造車
人道之後是用命
如同用車
中
人道
天
中天三才合一
下中天養身謂之胎養
陽元靈與陰元靈合化為元神氣
（二次氣質合化）（生命之始）
靈感
智慧
思想
天道
創造人生富貴貧賤以及一生吉凶禍福
（出生是人生的過程　非生命之開始）
地道
後
生老病
天
陽元靈返天覆命
（天）
死亡棄殼元靈出竅
（人）
陰元靈入地道
（地）
陰陽元靈合化「真靈氣」出竅
回歸宇宙天道
子光區域重修
成佛
成道
成神仙
道教回祖先靈位靜修
友教進靈社集中管訓
鐵面無私　功過實報
功德圓滿　修成正果
祖德善惡　報應子孫

皇天元神億數

何謂元神：即是祖先遺傳的因靈子氣（基因之氣）組合成為生命中的陰元靈，以及宇宙子光氣之靈光氣組合成為陽元靈，此兩氣合化之後產生出來的一股元神氣。

何謂億數：在天為體，推算宇宙時空運行消長，並推算出七萬二千年為定數，分三個大周期，每一周期為二萬四千年為一個世界，現在是第二世界之末期，離第三世界尚有三百四十年餘，有關世界行運之年限毀滅，記載於我的著作《腦後資訊情報》書中，在此不複載。

皇天元神億數，分佈周天方位，共計一億四千二百八十萬數，此數即是（子光線度之數），共計環繞周天三十六層次，凡宇宙生物元靈皆在此線度之內，各層次之靈類不同，各靈類之無形氣，附於各動物之有形體亦不相同，有此之元靈氣附之於體才會創造出「靈感、智慧、思想」之三要素，大凡宇宙有體之生物，若無此三要素必定不能在宇宙空間生存。

人類居於中天位，體為濁，氣重，得數不高，從一一九〇〇起數至一五四六九九，是附體之元靈氣數，若元靈脫體之後其數值上升下降空間很廣泛，到目前為止，凡人尚無法推算出來。

但有一事可以公諸於世，凡陽元靈氣進修至一五四七〇〇數以上之子光氣數者，謂之「眞靈氣」，其靈波可以與人類靈波溝通（需要相等同類），很多人從無意中得到靈感，逢凶化吉，或發富貴，就是自己的靈波觸及到外來的靈波所感應出來的，有機會不妨自己去體驗一下就會有更深入的瞭解。

皇天元神億數子光氣分佈圖

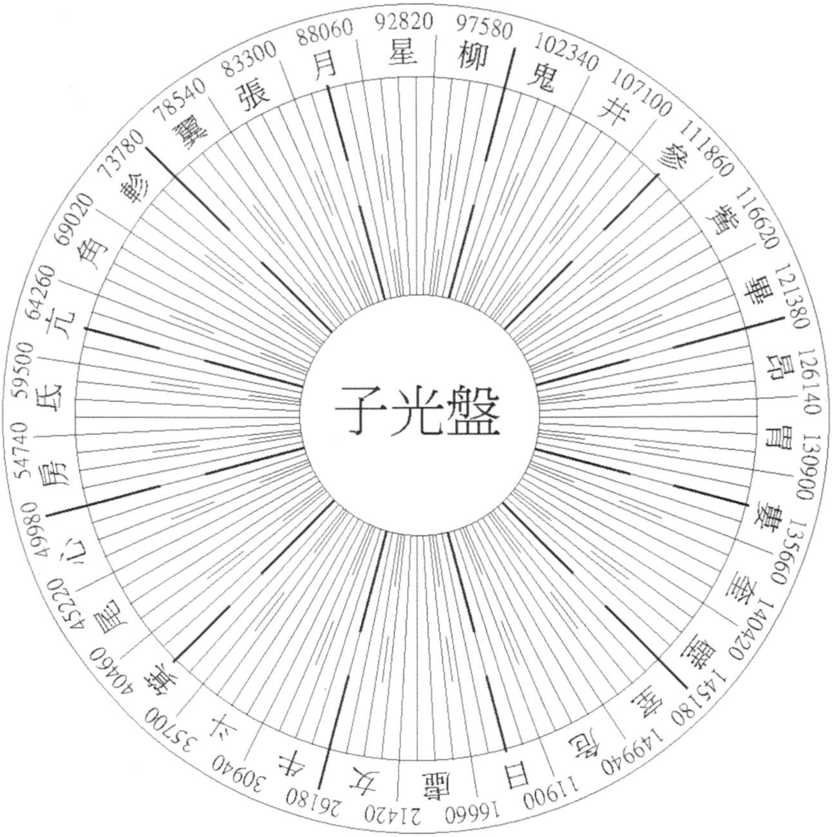

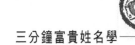

生命元靈流程與子光星盤圖

(皇天元神億數一五四七〇〇數以上為天數)

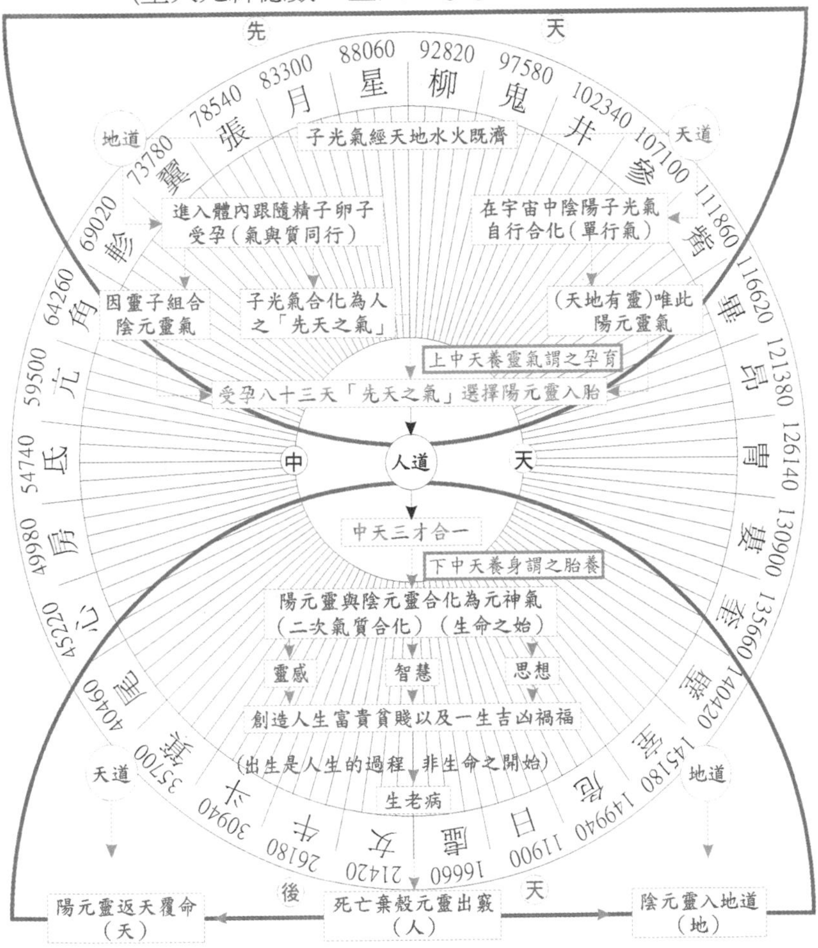

(皇天元神億數一一九〇〇數以下為地數)

皇天元靈元神大法輪

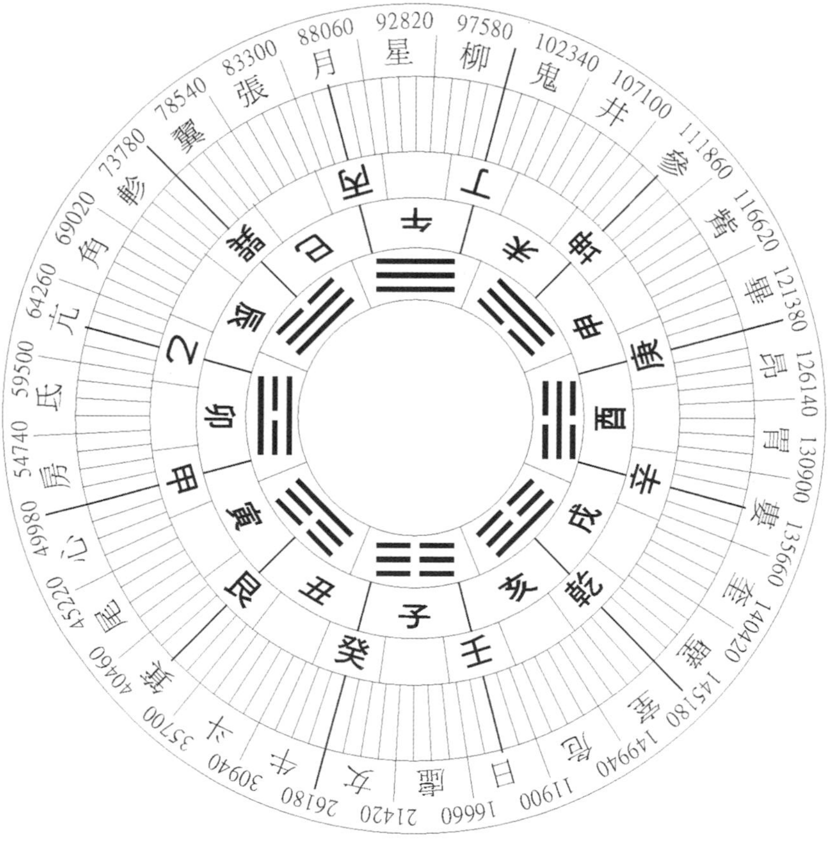
92820 97580 102340 107100 111860 116620 121380 126140 130900 135660 140420 145180 149940 11900 16660 21420 26180 30940 35700 40460 45220 49980 54740 59500 64260 69020 73780 78540 83300 88060
星 柳 鬼 井 參 觜 畢 昴 胃 婁 奎 壁 室 危 日 虛 女 牛 斗 箕 尾 心 房 氐 亢 角 軫 翼 張 月
丙 丁 未 坤 申 庚 酉 辛 戌 乾 亥 壬 子 癸 丑 艮 寅 甲 卯 乙 辰 巽 巳 午

皇天元神億數——三元紀

《皇天元神億數》流年起年宮位是依據「天」、「地」、「人」三元紀中之「人元紀」平均值推論，三元總計一億四千二百八十萬數，「人元紀」從一一九〇〇數起至一五四七〇〇數，「人元紀」總數也不過是一四二八〇〇數，比起「天元紀」數可說尚差一萬八千里呢！如果問：人類的世界有多大？我們可以將三元總數一億四千二百八十萬數÷一四二八〇〇數，那麼人類的世界只有千分之一而已。如此推算天元世界要比我們人類世界大於九百九十九倍，這就說明千層世界中人類只佔一層而已，可想而知宇宙中的「元靈」數也數不清，可見高靈界裡的元靈有超靈感智慧者不計其數，祂們都在我們的頭頂上，俗話說：「舉頭三尺有神明」，寧可信其有、不可信其無。

《皇天元神億數》「地元紀」從〇以上至一一九〇〇數，如果跟「人元紀」相比小於十二倍，這就是通常人們所說的「幽靈世界」，十二比一的數字可以說相當低，但並不是每一個人往生之後都會到「幽靈世界」去，那就得看人生在世行善積德或是惡盈滿貫來衡量了。

皇天元神億數——命宮

相信大部分讀者都曾經找命相師論命，不論紫微斗數、八字，或其他各門各派的論命方法都是以出生年、月、日、時，來推算人生的命運吉凶禍福。

《皇天元神億數十生命元靈學》以最科學的實際理論告訴讀者，出生「年、月、日、時」不能代表生命的開始，它是人生的過程而已，任何人的生命都在父母受孕後，三個月內，元靈入胎時即是生命之開始，而這個入胎的元靈所帶來的靈感智慧，關係著人生未來的靈感智慧高或低，也就直接影響生命成長過程顯現出人生旅途中的吉凶禍福富貴貧賤，以及做人處事的應變能力，更影響將來學業及事業的成就，所以《皇天元神億數》的「命宮」就是以受孕後元靈入胎時之《皇天元神億數》所得之數值而定之，便可以精準推算出入胎元靈的品質優劣，優者靈感智慧強於常人，不論學習能力，或事業基礎都超強於人富貴可得。劣者沒有創造能力，凡事皆落於人後，跟著別人學習，跟著別人走，難得富貴或則命運坎坷。換言之：人之富貴貧賤決定於個人之靈感智慧強弱，而不是無中生有揑造出來的。

皇天元神億數——流年宮

《皇天元神億數》命宮即是流年的第一宮，流年共有十二宮位，是以《皇天元神億數》子光氣之數值均衡周天，「人元紀」周天總數值爲一四二八〇〇÷十二等於一一九〇〇，亦即爲每一宮位得數，所以不論命宮居於何宮皆在「幽靈世界」之邊緣。人生在世行事不正，惡貫滿盈者，絕不分身分高低，上至皇帝老子，下至黎民百姓、販夫走卒都有可能陷入一一九〇〇數值以下之「幽靈世界」。

流年第一宮「元神星」。第二宮「文昌星」。第三宮「天罡星」。第四宮「乾坤星」。第五宮「齊光星」。第六宮「鬼神星」。第七宮「主運星」。第八宮「中分星」。第九宮「財官星」。第十宮「福德星」。第十一宮「地煞星」。第十二宮「空亡星」。

古時帝制時代帝王身邊必有軍師隨側，仰觀天象俯察地理，預知天下之人、事、萬物造化變遷，簡單說：觀天象察星斗即知國家之吉凶禍福，天災人禍，更不可思議的是護國武將以及治國文臣誕生何方，以此方法找尋天下奇才，推算精準無比，在此簡單介紹：周天二十八宿星有相當能力可以推算出，如文昌星落於《皇天元神億數》六四二〇〇——七三七八〇數中之「角星」及「軫星」宮位，四大命星中不見地煞星、空亡星、鬼神星、中分星者，必是治國文臣人才。

又如天罡星落於《皇天元神億數》一二一三八〇——一三〇九〇〇數中之「昴星」或「胄星」宮位，四大命星見齊光星，不見地煞星、空亡星、福德星，即可知其人爲護國大將軍、統軍大元帥，若四大命星見鬼神星將來必是叛賊，若不入朝爲將帥亦爲結黨盜匪之首，若是入朝爲將不叛亂也將成爲刀下鬼，死後惡名昭彰。

皇天元神億數・星宿元靈・斗君位

皇天元神億數	星宿入胎元靈氣	斗君位
一四二八一——二六一七九	日、虛、女	北斗正宮
二六一八〇——三八〇八〇	牛、斗、箕	北斗二宮
三八〇八一——四九九七九	箕、尾、心	北斗三宮
四九九八〇——六一八八〇	房、氐、亢	北斗四宮
六一八八一——七三七七九	亢、角、軫	北斗五宮
七三七八〇——八五六八〇	翼、張、月	北斗六宮
八五六八一——九七五七九	月、星、柳	南斗正宮

九七五八〇——一一九四八〇	鬼、井、參	南斗八宮
一一九四八一——一二一三七九	參、觜、畢	南斗九宮
一二一三八〇——一三三二八〇	昴、胃、婁	南斗十宮
一三三二八一——一四五一七九	婁、奎、壁	南斗十一宮
一四五一八〇——一五七〇八〇	室、危、日	南斗十二宮

從以上表格之《皇天元神億數》數值，便可查出自己的「陽元靈」來自何方星宿，以及斗君落在何宮位，即可知道「陽元靈」是屬於某星宿之氣投宿在自己的身上，給生命創造靈感智慧，以及「陽元靈」從何斗君之某宮方位入胎，這就是自己的先天本命星宮，先天本命星宮是人類在受孕後「陽元靈」入胎的第一道子光氣，爲「元神星」，請參考本書後段說明。

斗君起元神星宮表

斗君位	正北斗君	北斗二宮	北斗三宮	北斗四宮	北斗五宮
元神星起宮	元神	文昌	天罡	乾坤	齊光
	空亡	元神	文昌	天罡	乾坤
	地煞	空亡	元神	文昌	天罡
	福德	地煞	空亡	元神	文昌
	財官	福德	地煞	空亡	元神
	中分	財官	福德	地煞	空亡
	主運	中分	財官	福德	地煞
	鬼神	主運	中分	財官	福德
	齊光	鬼神	主運	中分	財官
	乾坤	齊光	鬼神	主運	中分
	天罡	乾坤	齊光	鬼神	主運
	文昌	天罡	乾坤	齊光	鬼神

南斗十二宮	南斗十一宮	南斗十宮	南斗九宮	南斗八宮	正南斗君	北斗六宮
空亡	地煞	福德	財官	中分	主運	鬼神
地煞	福德	財官	中分	主運	鬼神	齊光
福德	財官	中分	主運	鬼神	齊光	乾坤
財官	中分	主運	鬼神	齊光	乾坤	天罡
中分	主運	鬼神	齊光	乾坤	天罡	文昌
主運	鬼神	齊光	乾坤	天罡	文昌	元神
鬼神	齊光	乾坤	天罡	文昌	元神	空亡
齊光	乾坤	天罡	文昌	元神	空亡	地煞
乾坤	天罡	文昌	元神	空亡	地煞	福德
天罡	文昌	元神	空亡	地煞	福德	財官
文昌	元神	空亡	地煞	福德	財官	中分
元神	空亡	地煞	福德	財官	中分	主運

元神十二星順序

《皇天元神億數十生命元靈學》推算個人先天命盤，以及自己先天命所帶來之吉凶，必須先瞭解「生命元靈流程圖」、「皇天元神億數子光氣分佈圖」、「皇天元神億數」圖中之數值，並分辨出先天、中天、後天、「皇天元神億數大法輪」，綜合書中以上圖解，加上「生命之源由篇」及「生命元靈心傳大法篇」等說明，讀者若能用心體會，多加修鍊必有成就。

附加說明：

一、首先推算出《皇天元神億數》之數值。

二、數值進入之星宿即為自己本命元靈所得之星宿靈氣。

三、星宿進入之宮位即為自己的本命斗君位（亦為先天命宮），便可知道自己的元靈氣來自何方位，並於此斗君宮位起「元神星」，依順序順行十二宮星象。

舉例一：從《皇天元神億數十生命元靈學》中查到先天命之數值為《皇天元神億數》：一〇一五四六、六六數即為元靈投胎之數值。

再看數值位置落在「鬼」星宿，本命宿星即為「鬼星」，鬼星即是本命星宿投胎之元靈氣。

鬼星居於南斗八宮，此宮即爲本命元靈入胎方位之「命宮」，即從此宮位定「元神星」。

次以南斗九宮爲「文昌星」、南斗十宮爲「天罡星」、南斗十一宮爲「乾坤星」、南斗十二宮爲「齊光星」、正北斗宮爲「鬼神星」、北斗二宮爲「主運星」、北斗三宮爲「中分星」、北斗四宮爲「財官星」、北斗五宮爲「福德星」、北斗六宮爲「地煞星」、正南斗宮爲「空亡星」。

舉例二：從《皇天元神億數十生命元靈學》中查出先天命之數値爲《皇天元神億數》：六七〇三六、六六二數即爲元靈投胎之數値。

再看數値位置落在角星宿，本命宿星即爲「角星」，角星即是本命星宿投胎之元靈氣。

角星屬於北斗五宮，此宮即是本命元靈入胎方位之「命宮」，即從此宮位定「元神星」。

次以北斗六宮爲「文昌星」、正南斗宮爲「天罡星」、南斗八宮爲「乾坤星」、南斗九宮爲「齊光星」、南斗十宮「鬼神星」、南斗十一宮爲「主運星」、南斗十二宮爲「中分星」、正北斗宮爲「財官星」、北斗二宮爲「福德星」、北斗三宮爲「地煞星」、北斗四宮爲「空亡星」。其餘命盤之斗君宮位定元神星以此類推。

凡從《皇天元神億數》查出數值後得知本命元靈入胎方位之「命宮」由此宮位起元神星，然後依順序宮位排出文昌星、天罡星、乾坤星、齊光星、鬼神星、主運星、中分星、財官星、福德星、地煞星、空亡星，《皇天元神億數》以此星象之吉凶論姓名學之氣數吉凶，完全合乎先天命之吉凶數值，所以姓名數之吉凶因個人先天命而異，絕對沒有固定筆劃數值之吉凶。

南北斗君十二宮與數值表

正南斗君	七、十九、三十一、四十三、五十五、六十七、七十九、九十一
南斗八宮	八、二十、三十二、四十四、五十六、六十八、八十、九十二
南斗九宮	九、二十一、三十三、四十五、五十七、六十九、八十一、九十三
南斗十宮	十、二十二、三十四、四十六、五十八、七十、八十二、九十四
南斗十一宮	十一、二十三、三十五、四十七、五十九、七十一、八十三、九十五

南斗十二宮　十二、二十四、三十六、四十八、六十、　七十二、八十四、九十六
正北斗宮　一、　十三、　二十五、三十七、四十九、六十一、七十三、八十五
北斗二宮　二、　十四、　二十六、三十八、五十、　六十二、七十四、八十六
北斗三宮　三、　十五、　二十七、三十九、五十一、六十三、七十五、八十七
北斗四宮　四、　十六、　二十八、四十、　五十二、六十四、七十六、八十八
北斗五宮　五、　十七、　二十九、四十一、五十三、六十五、七十七、八十九
北斗六宮　六、　十八、　三十、　四十二、五十四、六十六、七十八、九十

以上各宮位所得之數字不能以吉凶之論斷，須以生命元靈十二星入宮後以星象所得之數論吉凶，如元神星、文昌星、乾坤星、齊光星、主運星、財官星、福德星爲吉星進入斗君宮位，所得之數爲吉數。如天罡星、鬼神星、中分星、地煞星、空亡星爲凶星進入斗君宮位，所得之數爲凶數。

※九十五數以後之數值依順序推算。

元神十二星吉凶

元神星——〇〇

文昌星──OOO
天罡星──O× O× 逢齊光星天罡為將星。
乾坤星──OOOO
齊光星──OOOOO
鬼神星──×××× 逢齊光星化殺為官貴。
主運星──OOO
中分星──×××
財官星──OOO
福德星──女命OOOOO
男命OO
地煞星──××××
空亡星──×××
※以上元神十二星　O代表吉　×代表凶。
※元神十二星落於何斗君宮位請查「斗君起元神星宮表」。
元神十二星所得之數值吉凶視元神十二星落入南北斗君何宮，請查照「南北斗君」

內之數值便知自己本命之筆劃數何數爲吉、何數爲凶。

舉例：「皇天元神億數先天命盤」如下：

皇天元神億數：一二二五六九、九九八

啓運數：一三〇九〇〇

本命宿星：昴星

本命動星：婁星

命宮：南斗十宮

元神星：南斗十宮（十、二十二、三十四、四十六、五十八、七十、八十二、九十四……）爲吉數。

文昌星：南斗十一宮（十一、二十三、三十五、四十七、五十九、七十一、八十三、九十五……）爲吉數。

天罡星：南斗十二宮（十二、二十四、三十六、四十八、六十、七十二、八十四、九十六……）爲半吉半凶數。

乾坤星：北斗正宮（一、十三、二十五、三十七、四十九、六十一、七十三、八十五、九十七……）爲吉數。

齊光星：北斗二宮（二、十四、二十六、三十八、五十、六十二、七十四、八十六、九十八……）爲特吉數。

鬼神星：北斗三宮（三、十五、二十七、三十九、五十一、六十三、七十五、八十七、九十九……）爲特凶之數。

主運星：北斗四宮（四、十六、二十八、四十、五十二、六十四、七十六、八十八、一〇〇……）爲吉數。

中分星：北斗五宮（五、十七、二十九、四十一、五十三、六十五、七十七、八十九、一〇一……）爲凶數。

財官星：北斗六宮（六、十八、三十、四十二、五十四、六十六、七十八、九十……）爲吉數。

福德星：正南斗宮（七、十九、三十一、四十三、五十五、六十七、七十九、九十一……）爲吉數。

地煞星：南斗八宮（八、二十、三十二、四十四、五十六、六十八、八十、九十二……）爲凶數。

空亡星：南斗九宮（九、二十一、三十三、四十五、五十七、六十九、八十一、九十三……）爲凶數。

此命之吉數在於：元神星、文昌星、乾坤星、齊光星、主運星、財官星、福德星內之數值。

此命之凶數在於：天罡星、鬼神星、中分星、地煞星、空亡星內之數值。

此爲先天本命之吉凶數值，取吉數命名或更名，彌補先天不足，使人生後天行運更興旺，趨吉避凶，榮華富貴。

姓名筆劃數自選篇

姓名吉數選擇法

一、姓名筆劃數吉凶絕對不是每個人的命格都相同，不能以固定筆劃之吉凶相提並論，因爲每個人的先天命都不同，故吉凶數當然不同。

二、皇天元神億數是以周天億數之數值所值之宮位論個人對數字之喜忌，合乎哲學與科學理數選擇吉凶，藉以出生「年月日時」來推算至受孕三個月內元靈入胎所得之方位及星宿，並非出生「年月日時」或排成八字斷論吉凶。

三、以下列出部分之出生「年月日時」，推算至受孕三個月內《皇天元神億數》所得元靈入胎之吉星數請查照，此數中有元神星、文昌星、齊光星、福德星，皆爲特吉之數，若是本命姓名數不在此數中則爲次吉數或凶數。

四、皇天元神億數不做虛僞論數，如天格加一數、地格加一數之虛構。如以下之方法推算即可：

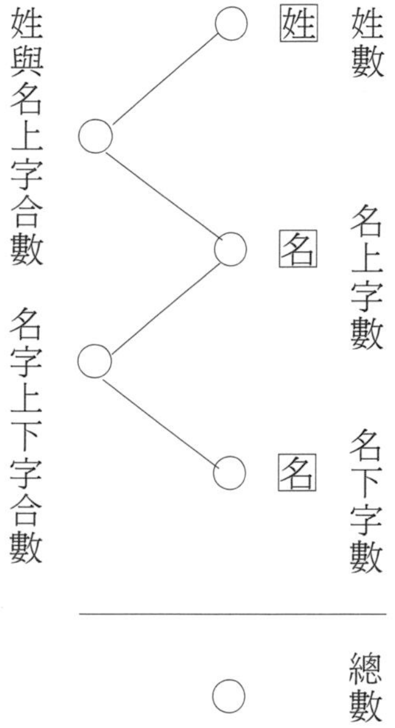

以上所有的數字皆宜在自己先天命之吉數中方可稱吉，若有落入凶數則不利。

出生年月日時與元靈入胎星宿及吉數對照表

出生年：甲子、丙子、戊子、庚子、壬子（肖鼠）。
甲辰、丙辰、戊辰、庚辰、壬辰（肖龍）。

出生月：三月（清明後至立夏前）、七月（立秋後至白露前）。

出生日農曆：初二日、十三日。

出生時：子（二十三時至一時）、辰（七時至九時）、申（十五時至十七時）。

元靈入胎星宿：虛星、日星、角星。

吉星數：2、5、9、13、14、17、21、25、26、29、33、37、38、41、45、49、50、53、57、61、62、65、69、73、74、77、81、85、86、89、93、97、98。

其他數字爲次吉星數或凶星數，有扶補之功可選用，否則忌用。

出生年：乙丑、丁丑、己丑、辛丑、癸丑（肖牛）。

乙巳、丁巳、己巳、辛巳、癸巳（肖蛇）。

出生月：四月（立夏後至芒種前）、十二月（小寒後至立春前）。

出生農曆：初四日、十四日。

出生時：丑（一時至三時）、巳（九至十一時）、酉（十七時至十九時）。

元靈入胎星宿：斗星、翼星、張星。

吉星數：2、3、6、10、14、15、18、22、26、27、30、34、38、39、42、46、50、51、54、58、62、63、66、70、74、75、78、82、86、87、90、94、98、99。

其他數字爲次吉星數或凶星數，有扶補之功可選用，否則忌用。

出生年：甲寅、丙寅、戊寅、庚寅、壬寅（肖虎）。

甲午、丙午、戊午、庚午、壬午（肖馬）。

出生月：正月（立春後至驚蟄前）、五月（芒種後至小暑前）。

出生農曆：初八日、十七日。

出生時：寅（三時至五時）、午（十一時至十三時）、戌（十九時至二十一時）。

元靈入胎星宿：尾星、心星、星星。

吉星數：3、4、7、11、15、16、19、23、27、28、31、35、39、40、43、47、51、52、55、59、63、64、67、71、75、76、79、83、87、88、91、95、99。

其他數字爲次吉星數或凶星數，有扶補之功可選用，否則忌用。

出生年：乙卯、丁卯、己卯、辛卯、癸卯（肖兔）。

乙未、丁未、己未、辛未、癸未（肖羊）。

出生月：二月（驚蟄後至清明前）、六月（小暑後至立秋前）。

出生日農曆：初十日、十九日。

出生時：亥（二十一時至二十三時）、卯（五時至七時）、未（十三時至十五時）。

元靈入胎星宿：氐星、鬼星、井星。

吉星數：4、5、8、12、16、17、20、24、28、29、32、36、40、41、44、48、52、53、56、60、64、65、68、72、76、77、80、84、88、89、92、96。

其他數字爲次吉星數或凶星數，有扶補之功可選用，否則忌用。

出生年：甲辰、丙辰、戊辰、庚辰、壬辰（肖龍）。

甲申、丙申、戊申、庚申、壬申（肖猴）。

出生月：三月（清明後至立夏前）、七月（立秋後至白露前）。

出生日農曆：十三日、二十三日。

出生時：辰（七時至九時）、申（十五時至十七時）、子（二十三時至一時）。

元靈入胎星宿：軫星、參星、畢星。

吉星數：1、6、9、10、13、17、18、21、25、29、30、33、37、41、42、45、53、54、57、61、65、66、69、73、77、78、81、85、89、90、93。

其他數字爲次吉星數或凶星數，有扶補之功可選用，否則忌用。

出生年：乙巳、丁巳、己巳、辛巳、癸巳（肖蛇）。
乙酉、丁酉、己酉、辛酉、癸酉（肖雞）。
出生月：四月（立夏後至芒種前）、八月（白露後至寒露前）。
出生日農曆：十四日、二十五日、二十六日。
出生時：巳（九時至十一時）、酉（十七時至十九時）、丑（一時至三時）。
元靈入胎星宿：張星、胄星、婁星。
吉星數：6、7、10、14、18、19、22、26、30、31、34、38、42、43、46、50、54、55、58、62、66、67、70、74、78、79、82、86、90、91、94、98。
其他數字爲次吉星數或凶星數，有扶補之功可選用，否則忌用。

出生年：甲午、丙午、戊午、庚午、壬午（肖馬）。
甲戌、丙戌、戊戌、庚戌、壬戌（肖狗）。
出生月：五月（芒種後至小暑前）、九月（寒露後至立冬前）。
出生日農曆：十七日、二十二日、二十三日。

出生時：午（十一時至十三時）、戌（十九時至二十一時）、寅（三時至五時）。

元靈入胎星宿：星星、柳星、壁星。

吉星數：3、7、8、11、15、19、20、23、27、31、32、35、39、43、44、47、51、55、56、59、63、67、68、71、75、79、80、83、87、91、92、95、99。

其他數字爲次吉星數或凶星數，有扶補之功可選用，否則忌用。

出生年：乙未、丁未、己未、辛未、癸未（肖羊）。
乙亥、丁亥、己亥、辛亥、癸亥（肖豬）。

出生月：六月（小暑後至立秋前）、十月（立冬後至大雪前）。

出生日農曆：二十日、二十一日、二十九日。

出生時：卯（五時至七時）、未（十三時至十五時）、亥（二十一時至二十三時）。

元靈入胎星宿：井星、參星、危星。

吉星數：4、8、9、12、16、20、21、24、28、32、33、36、40、44、45、48、52、56、57、60、64、68、69、72、76、80、81、84、88、92、93、96。

其他數字為次吉星數或凶星數，有扶補之功可選用，否則忌用。

出生年：甲申、丙申、戊申、庚申、壬申（肖猴）。甲子、丙子、戊子、庚子、壬子（肖鼠）。

出生月：七月（立秋後至白露前）、十一月（大雪後至小寒前）。

出生日：農曆初一日、初二日、二十二日。

出生時：申（十五時至十七時）、子（二十三時至一時）、辰（七時至九時）。

元靈入胎星宿：觜星、畢星、女星。

吉星數：5、9、10、13、17、21、22、25、29、33、34、37、41、45、46、49、53、57、58、61、65、69、70、73、77、81、82、85、89、93、94、97。

其他數字為次吉星數或凶星數，有扶補之功可選用，否則忌用。

出生年：乙酉、丁酉、己酉、辛酉、癸酉（肖雞）。
　乙巳、丁巳、己巳、辛巳、癸巳（肖豬）。
出生月：八月（白露後至寒露前）、四月（立夏後至芒種前）。
出生日農曆：二十四日、十五日。
出生時：酉（十七時至十九時）、丑（一時至三時）、巳（九時至十一時）。
元靈入胎星宿：昴星、月星、胄星。
吉星數：2、6、10、11、14、18、22、23、26、30、34、35、38、42、46、47、50、54、58、59、62、66、70、71、74、78、82、83、86、90、94、95、98。
其他數字爲次吉星數或凶星數，有扶補之功可選用，否則忌用。

出生年：甲戌、丙戌、戊戌、庚戌、壬戌（肖狗）。
　甲寅、丙寅、戊寅、庚寅、壬寅（肖虎）。
出生月：九月（寒露後至立冬前）、正月（立春後至驚蟄前）。

出生日農曆：二十三日、初七日。
出生時：戌（十九時至二十一時）、寅（三時至五時）、午（十一時至十三時）。
元靈入胎星宿：奎星、尾星、箕星。
吉星數：3、7、11、12、15、19、23、24、27、31、35、36、39、43、47、48、51、55、59、60、63、67、71、72、75、79、83、84、87、91、95、96、99。
其他數字為次吉星數或凶星數，有扶補之功可選用，否則忌用。

出生年：乙亥、丁亥、己亥、辛亥、癸亥（肖豬）。乙卯、丁卯、己卯、辛卯、癸卯（肖兔）。
出生月：十月（立冬後至大雪前）、二月（驚蟄後至清明前）。
出生日農曆：二十九日、初九日。
出生時：亥（二十一時至二十三時）、卯（五時至七時）、未（十三時至十五時）。

元靈入胎星宿：危星、房星、室星。
吉星數：1、4、8、12、13、16、20、24、25、28、32、36、37、40、44、48、49、52、56、60、61、64、68、72、76、80、84、85、88、92、96、97。
其他數字爲次吉星數或凶星數，有扶補之功可選用，否則忌用。

出生年：甲子、丙子、戊子、庚子、壬子（肖鼠）。乙卯、丁卯、己卯、辛卯、癸卯（肖兔）。
出生月：五月（芒種後至小暑前）、八月（白露後至寒露前）。
出生日農曆：十七日、二十四日、初一日午後、初二日。
出生時：卯（五時至七時）、午（十一時至十三時）。
元靈入胎星宿：昴星、虛星、日星。
吉星數：4、7、10、16、19、22、28、31、34、40、43、46、52、55、58、64、67、76、79、82、88、91、94。

其他數字爲次吉星數或凶星數，有扶補之功可選用，否則忌用。

出生年：甲午、丙午、戊午、庚午、壬午（肖馬）。
乙酉、丁酉、己酉、辛酉、癸酉（肖雞）。

出生月：十一月（立冬後至小寒前）、二月（驚蟄後至清明前）。

出生農曆：十一日上午、十七日、二十四日、初二日。

出生時：酉（十七時至十九時）、子（夜二十三時至一時）。

元靈入胎星宿：亢星、星星、妻星。

吉星數：1、4、10、13、16、22、25、28、34、37、40、46、49、52、58、61、64、70、73、76、82、85、88、94、97。

其他數字爲次吉星數或凶星數，有扶補之功可選用，否則忌用。

出生年：乙卯、丁卯、己卯、辛卯、癸卯（肖兔）。
甲午、丙午、戊午、庚午、壬午（肖馬）。

出生月：八月（白露後至寒露前）、十一月（立冬後至小寒前）。
出生農曆：初三日、初十日、十八日、二十五日。
出生時：午（十一時至十三時）、酉（十七時至十九時）。
元靈入胎星宿：柳星、胄星、女星。
吉星數：7、10、13、19、22、25、31、34、37、43、46、49、55、58、61、67、70、73、79、82、85、91、94、97、100。
其他數字爲次吉星數或凶星數，有扶補之功可選用，否則忌用。

出生年：乙巳、丁巳、己巳、辛巳、癸巳（肖蛇）。
甲申、丙申、戊申、庚申、壬申（肖猴）。
出生月：十月（立冬後至大雪前）、正月（立春後至驚蟄前）。
出生農曆：初七日、十四日、二十二日。
出生時：巳（九時至十一時）、申（十五時至十七時）。
元靈入胎星宿：危星、箕星、觜星。

吉星數：3、9、12、15、21、24、27、33、36、39、45、48、51、57、60、63、69、72、75、81、84、87、93、96。

其他數字為次吉星數或凶星數，有扶補之功可選用，否則忌用。

出生年：乙亥、丁亥、己亥、辛亥、癸亥（肖豬）。甲寅、丙寅、戊寅、庚寅、壬寅（肖虎）。

出生月：四月（立夏後至芒種前）、七月（立秋後至寒露前）。

出生日農曆：初八日、十五日、二十二日。

出生時：亥（二十一時至二十三時）、寅（三時至五時）。

元靈入胎星宿：房星、日星、張星。

吉星數：3、6、9、15、18、21、27、30、33、39、42、45、51、54、57、63、66、69、75、78、81、87、90、93、99。

其他數字為次吉星數或凶星數，有扶補之功可選用，否則忌用。

出生年：甲申、丙申、戊申、庚申、壬申（肖猴）。
乙亥、丁亥、己亥、辛亥、癸亥（肖豬）。
出生月：正月（立春後至驚蟄前）、四月（立夏後至芒種前）。
出生農曆：二十三日、二十九日三十日。
出生時：申（十五時至十七時）、亥（二十一至二十三時）。
元靈入胎星宿：心星、奎星、畢星。
吉星數：3、6、12、15、18、24、27、30、36、39、42、48、51、54、60、63、66、72、75、78、84、87、90、93、96、99。
其他數字爲次吉星數或凶星數，有扶補之功可選用，否則忌用。
出生年：乙未、丁未、己未、辛未、癸未（肖羊）。
甲戌、丙戌、戊戌、庚戌、壬戌（肖狗）。
出生月：十二月（小雪後至立春前）、三月（清明後至立夏前）。
出生農曆：二十八日、五日、十三日。

出生時：未（十三時至十五時）、戌（十九時至二十一時）。
元靈入胎星宿：壁星、牛星、亢星。
吉星數：2、5、11、14、17、23、26、29、35、38、41、44、47、50、53、59、62、65、71、74、77、83、86、89、95、98。
其他數字為次吉星數或凶星數，有扶補之功可選用，否則忌用。

出生年：甲寅、丙寅、戊寅、庚寅、壬寅（肖虎）。乙巳、丁巳、己巳、辛巳、癸巳（肖蛇）。
出生月：七月（立秋後至白露前）、十月（立冬後至大雪前）。
出生日農曆：初八日、十五日、二十一日午後。
出生時：寅（三時至五時）、巳（九時至十一時）。
元靈入胎星宿：室星、尾星、翼星。
吉星數：6、9、12、18、21、24、30、33、36、42、45、44、47、48、50、53、56、59、62、68、71、74、

80、83、86、92、95、98。

其他數字爲次吉星數或凶星數，有扶補之功可選用，否則忌用。

出生年：甲戌、丙戌、戊戌、庚戌、壬戌（肖狗）。
乙丑、丁丑、己丑、辛丑、癸丑（肖牛）。

出生月：三月（清明後至立夏前）、六月（小暑後至立秋前）。

出生農曆：初六日上午、十二日、十九日。

出生時：戌（十九時至二十一時）、丑（一時至三時）。

元靈入胎星宿：參星、角星、箕星。

吉星數：2、5、8、14、17、20、26、29、32、38、41、44、50、53、56、62、65、68、74、77、80、86、89、92、98。

其他數字爲次吉星數或凶星數，有扶補之功可選用，否則忌用。

出生年：甲辰、丙辰、戊辰、庚辰、壬辰（肖龍）。

乙未、丁未、己未、辛未、癸未（肖羊）。
出生月：九月（寒露後至立冬前）、十二月（小寒後至立春前）。
出生農曆：十三日、二十日、二十八日。
出生時：辰（七時至九時）、未（十三時至十五時）。
元靈入胎星宿：井星、軫星、奎星。
吉星數：2、8、11、14、20、23、26、32、35、38、44、47、50、56、59、62、65、68、71、74、80、83、86、92、95、98。
其他數字為次吉星數或凶星數，有扶補之功可選用，否則忌用。

出生年：乙酉、丁酉、己酉、辛酉、癸酉（肖雞）。
甲子、丙子、戊子、庚子、壬子（肖鼠）。
出生月：二月（驚蟄後至清明前）、五月（芒種後至小暑前）。
出生農曆：初九日、十六日午後、二十五日。
出生時：子（夜二十三時至一時）、午（十一時至十三時）。

元靈入胎星宿：房星、氐星、虛星。
吉星數：4、7、13、16、19、25、28、31、37、40、43、49、52、55、61、64、67、73、76、79、85、88、91、97。
其他數字爲次吉星數或凶星數，有扶補之功可選用，否則忌用。

出生年：乙丑、丁丑、己丑、辛丑、癸丑（肖牛）。
甲辰、丙辰、戊辰、庚辰、壬辰（肖龍）。
出生月：六月（小暑後至立秋前）、九月（寒露後至立冬前）。
出生日農曆：初四日、十二日、二十七日。
出生時：丑（一時至三時）、辰（七時至九時）。
元靈入胎星宿：牛星、角星、鬼星。
吉星數：5、8、11、17、20、23、29、32、35、38、41、44、50、53、56、62、65、68、74、77、80、86、89、92、95、98。

其他數字爲次吉星數或凶星數，有扶補之功可選用，否則忌用。

※因爲皇天元神億數命盤精準並且繁多，無法一一列出，以上若查無您的出生「年月日時」或自己找不出皇天元神億數、命星之吉數，請利用「免費服務卡」由我爲您服務。

※請填寫以下免費服務表格附回郵寄：台北市110信義區永吉路三十巷一七八弄九號。張朝閔　收

服務電話：（02）27685678・（02）27672988

※非本書頁剪下服務卡恕難回覆敬請見諒。

免費服務卡

姓名：　　姓別：　　地址：

電話：　　手機：

農曆出生：　年　月　日　時。　皇天元神億數：

姓數　合數　名數　合數　名數　總數

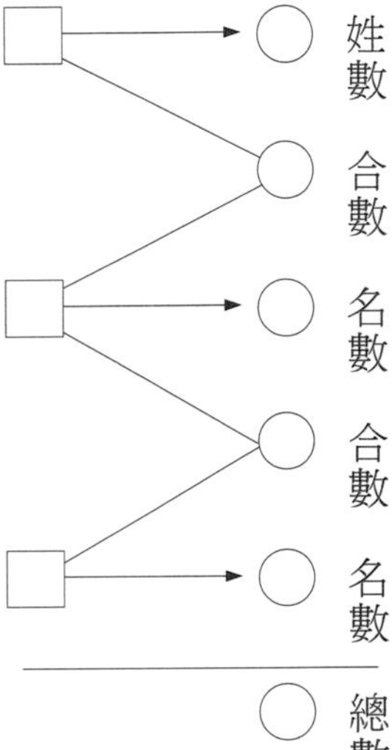

宿星：　　星

命宮：　　宮

天　　開

地　　泰

請在格內填上您的姓名及數字

評論：

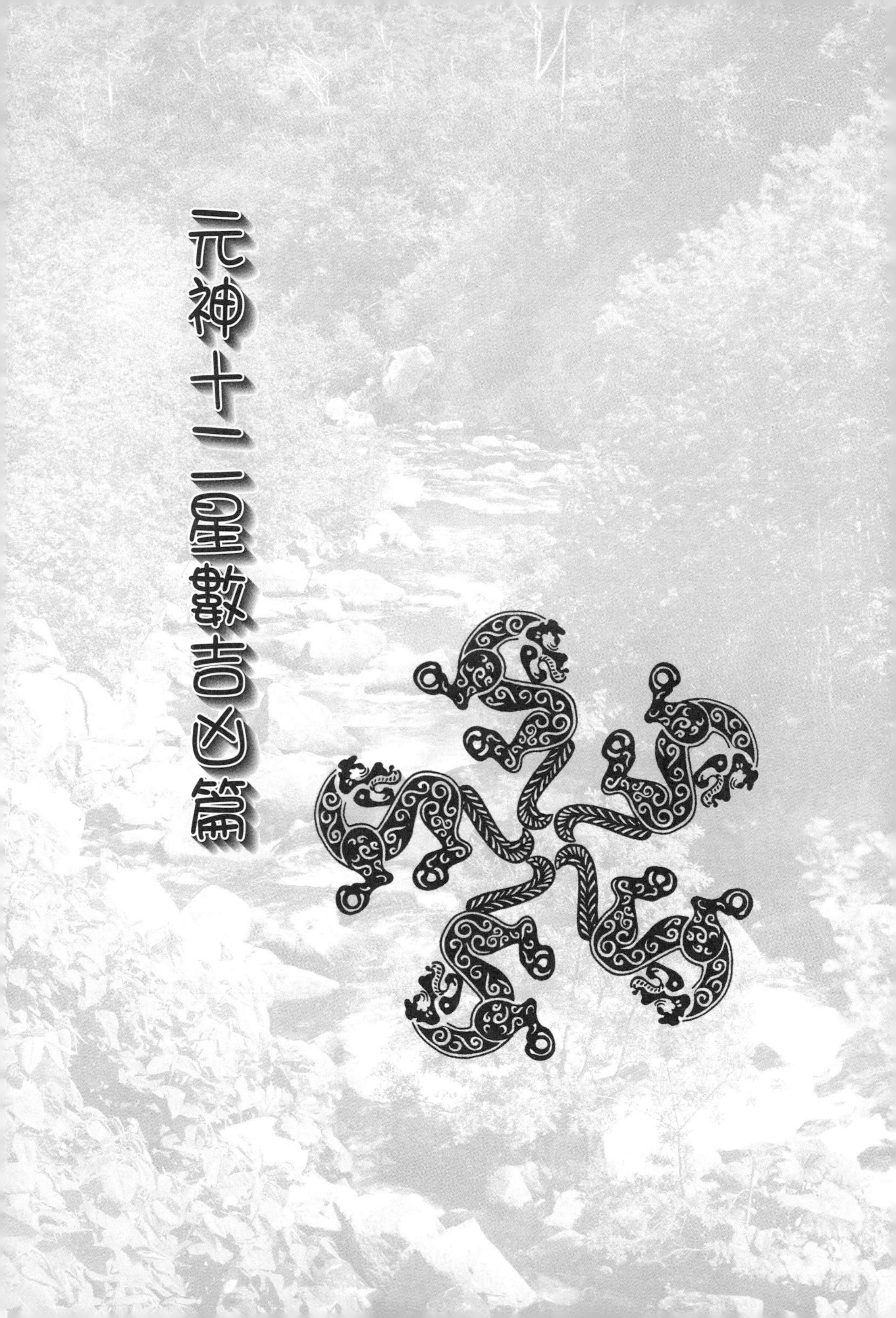

元神十二星數吉凶篇

元神吉星論斷法

凡人受孕之後，基因體組織完成於九十天內，「陰元靈」成熟與「陽元靈」合化之後，靈眠初醒，元神既定謂之爲——元神星。

「元神星」之靈感智慧不很強盛，有如人在睡夢中初醒來之現象，精神尚未穩定，神智不很清醒，故未能及時發揮思考力。

「元神星」落入先天四大命星中具有三思而後行之本能，但因個性不穩，往往主見不強以及選擇上拿捏不定，容易錯失良機，雖然反應微遲，但能三思而後行，一步一腳印，比一般人處事踏實很多，若先天四大命星帶文昌星稱得上老謀深算，成功的希望很高。

姓名筆劃數選擇「元神星」格，若先天四大命星帶有「天罡星」或「主運星」之命格可以化解其性向衝動，有調節性格之功能，使其穩重踏實，先思而後行。

若是先天四大命星帶有「空亡星」之命格姓名筆劃選擇「元神星」吉數，則可制空亡之憨厚，增添靈感智慧，助力莫大，故「元神星」爲吉星之數。

文昌吉星論斷法

凡人出生入世之後事事都須從頭學習，「文昌星」是啓發靈感、創造智慧的吉星數，在元神十二星數中，僅次於「齊光星」數，先天四大命星中有「文昌星」之命格最吉，即使先天四大命星沒有「文昌星」亦可從姓名筆劃數中求之。

姓名筆劃取「文昌星」吉數可以增進靈感智慧，助學業成績優良或在專業領域發展，口才流利，事業成功率高，是一可遇亦可求之吉星數。

先天四大命星帶有「文昌星」會「空亡星」命帶次桃花，言談中有吸引異性的能力，但在姓名筆劃中無此傾向，筆劃取「文昌星」之吉數無此顧忌。

若先天四大命星帶有「財官星」最喜姓名筆劃配有「文昌星」，因爲「財官星」喜愛從財從官，但因爲「財官星」落於子光氣之後段氣力不足，若無吉星相助則難成大事，有「文昌星」之吉數相輔必成大器。

天罡星半吉半凶論斷法

「天罡星」進入青少年階段時代，約同十六歲至二十一歲的年齡，血氣方剛，容易激動，若四大命星帶有「天罡星」之命格個性激烈，見義勇為好打抱不平，成群結黨，凡事強出頭，荒廢學業，容易自誤或誤人。

姓名不宜取「天罡星」之筆劃數，否則叛逆性極強，父母不易管教，常因惹事生非使父母頭痛，或因為朋友、同學的事惹上麻煩，造成牢獄之災或血光災禍。先天四大命星帶有「天罡星」之命格個性爽直，青少年交友宜慎重，近朱者赤、近墨則黑，交壞朋友則一失足千古恨。

男性先天四大命星之主命星落入「福德星」，因「福德星」在善良性格上較為軟弱，讓人感覺像個軟柿子或被別人「軟土深掘」，以致信心不足，姓名筆劃數最喜「天罡星」來扶輔「福德星」之軟弱個性，謂之「剛柔並濟」，可使「福德星」之性格改變成為堅強、有主見、增進信心，此乃命名或更名造化之功。

若先天四大命星之主命星落入「齊光星」最為尊貴，「齊光星」是一個領導統御之星象，無將星扶助則爲有帥無將，發富發貴之力道不足，姓名筆劃取「天罡星」爲將星，可以藉殺生權貴，增添本命富貴雙全。

「天罡星」本性叛逆，先天四大命星中帶有「天罡星」之命格會合「文昌星」、「乾坤星」、「齊光星」，雖叛逆心重但因吉星相會屬於理性叛逆型，如果會合凶星之「鬼神星」、「中分星」、「地煞星」、「空亡星」，則爲不理性之強烈叛逆性，青少年時代很難管教，父母師長頭痛之人物，此命格之人取名或更名最需要「齊光星」、「乾坤星」、「文昌星」之筆劃吉數扶輔制化，否則成年之後易走入歧途。

「天罡星」居於先天四大命星中若遇「財官星」，幹勁十足，欠缺理性，得權勢必忘本，充滿傲氣，無守成能力，恐有牢獄之災，命名或更名惟「齊光星」及「乾坤星」之吉數可救。

若是先天四大命星裡面凶星居多，命名或更名千萬不宜取用「天罡星」之數値，否則會使災禍更加嚴重，命運更坎坷。

乾坤吉星論斷法

元神十二星數中以「乾坤星」最爲理性，剛柔並濟之象，有化合之功效，先天四大命星得「乾坤星」，性格溫和、待人和氣、平易近人、保持樂觀心態，凡事都能大事化小、小事化無，在人群中德高衆望，沒有傲氣，少與人爭執，處事圓滑講道理，靈感超然、智慧豐富，可在人際上取得尊嚴，交際上給予三分體面，靠人緣發富發貴。

若先天四大命星沒有強而有力之吉星，最好的方法就是後天取名帶「乾坤星」之筆劃數字補充後天之運，或因先天四大命星中有凶星攪局破壞命格，如「地煞星」、「空亡星」、「中分星」等，姓名筆劃亦可取「乾坤星」之吉數趨吉避凶，將可使命運從逆勢中挽回。

無論先天四大命星是吉或凶，姓名筆劃取用「乾坤星」之吉數百益無害，讀者可放心使用。

齊光特吉星論斷法

「齊光、齊光、齊光，讓我的生命啓發靈感智慧，願我的人生充滿富貴幸福」。重複默念三遍之後，放鬆心情，靜坐閉目養神，每日早晚做一次，可以使你的心神開朗，氣質更佳，更能啓發你的靈感智慧，心想事成，成功在握。

男性或女性戀愛求偶，使用「齊光鏡」將使您精神煥發，滿面春風，無比歡樂，並帶給您情場得意。

先天四大命星帶有「齊光星」者百人難得一見，先天四大命星中以「齊光星」爲主命星者千人中難逢一人，可見「齊光星」有多麼尊貴。縱使先天四大命星不帶「齊光星」，自己的「齊光星」之靈光氣也在宇宙時空中迴流，只是不在本命附體而已，除了默念可求之外，命名或更名之筆劃數盡可能加上「齊光星」之吉數，冥冥之中可以使自己的命運帶來榮華富貴。

先天四大命星帶有「天罡星」者，姓名筆劃取「齊光星」吉數則爲武將得主帥，百戰百勝，運勢如日中天。

先天四大命星帶有「鬼神星」者，姓名筆劃數取「齊光星」吉數，爲梟雄被制化，化殺生權貴，但須防叛變，因爲「鬼神星」帶邪氣受「齊光星」正氣所抑制，難免內心天人交戰。

先天四大命星帶有「空亡星」者，姓名筆劃數取「齊光星」吉數，「空亡星」有制化，空亡謂「馬前卒」，爲我使喚，但難免用人有所錯失。

先天四大命星帶有「中分星」或「地煞星」者，姓名筆劃數取「齊光星」吉數，只能制化，但不爲我用。

先天四大命星帶有「文昌星」者，姓名筆劃數取「齊光星」吉數，智謀高人一等，以文從貴爲官，或爲參謀軍師人物。

不論本命先天命格如何，姓名筆劃得「齊光星」最吉，百益無害，但因爲有部分命格屬於《皇天元神億數》之空亡位，在筆劃數上求不到「齊光星」之吉數，此命謂：「命中無福」不可強求。

鬼神凶星論斷法

鬼神、鬼神、非鬼旣神，靈感智慧豐富，喜鑽牛角尖不走正途，心思細密，老天有眼，百密總有一疏。

十二星數中「鬼神星」惟「齊光星」可制化之，但不改梟雄姿態，叛變心重，不肯認錯更不服輸。

先天四大命星帶有「鬼神星」會合「文昌星」、或「乾坤星」，充其量只能調和互動，不改梟雄炎氣。

先天四大命星帶有「鬼神星」會合「元神星」、「主運星」、「財官星」，不能改邪歸正，反倒同流合污。

先天四大命星帶有「鬼神星」會合「福德星」，福德有感化之功效，可使「鬼神星」自我節制惡習，但惟恐帶有吃軟不吃硬的性格。

先天四大命星帶有「鬼神星」會合凶星如：「中分星」、「地煞星」、「空亡星」，則如魚得水，勢必如日中天，梟雄格成立，邪惡當道必造反。

命名或更名筆劃千萬不可取用「鬼神星」之大凶數，否則大敗無疑，既使梟雄當道能發一時之勢氣，最終還是沒有好下場。既使當上主管幹部也是小人心態，用人猜忌，心懷鬼胎。

先天四大命星帶有「鬼神星」之命格，宜用「道家仙方沐浴療法」化解鬼神之氣，使命運轉好逢凶化吉，否則「鬼神星」如同地雷，何時被踩到而引爆連自己也難預測。

主運吉星論斷法

「主運星」——勞碌命，不見「齊光星」、「文昌星」、「乾坤星」必定頭腦少根筋。

「主運星」心急求速，手腳伶俐，愛動手動腳不愛動腦，靈感智慧中等，頭腦反應不如手腳快，往往想到做到，成事不足敗事有餘。

「主運星」爲人正派，不帶邪惡，元神十二星數中屬於勤快，樂於助人的吉星之一，總是以爲自己很能幹，做了之後才知錯。

「主運星」居於先天四大命星會合吉星如：「元神星」、「乾坤星」、「齊光星」、「福德星」則吉上加吉，靈感超然智慧豐富，做事勤快成功率高。

「主運星」居先天四大命星會合「空亡星」、「地煞星」，有制化作用，勤於工作不愛用腦，多做多錯，浪費時間白幹活，討人厭。

命名或更名筆劃取用「主運星」之吉數，逢先天四大命星之吉星可以加速工作效率，凡事皆能主動發揮機智創造未來。若逢先天四大命星之凶星亦有制化作用，故「主運星」之筆劃吉數配任何吉星皆爲大吉之數。

中分凶星論斷法

所謂中分，就是中途分離，與父母無緣、夫妻無緣、子女無緣。在事業方面則財產分離、投資合夥股東分離、投資股票血本無歸。財運方面一波起來一波跌落，一生命運起起落落，坎坎坷坷，名副其實的——破碎星。

「中分星」居於先天四大命星中，有八成以上肯定是祖上帶來的爛包袱，必須找到「因」才能了結「果」，若不早化解，一生打拼付出的代價無收穫，必定隨波逐流。

命名或更名筆劃取用「中分星」之凶數，如前所述，不利婚姻及事業，有存錢、半夜也有鬼來敲門。

元神十二星數中惟「齊光星」、「乾坤星」之吉數可解「中分星」之凶，但亦須尋「因」了結「果」才能化解厄運。

「中分星」爲淫亂桃花、性慾無節度，本命先天四大命星或名字筆劃數皆爲凶論，戒用爲上，以免桃花招災惹禍。

財官吉星論斷法

「財官星」並非眞吉星，惟世人愛財愛官貴，只好從命格中求財求官貴囉！「財官星」居先天四大命星會合「地煞星」、「空亡星」，妄想自大，幻想財富或官貴，到老還是空空。

先天四大命星有「財官星」之命格，命名或更名最需要「齊光星」之吉數或「文昌星」吉數或「乾坤星」吉數，有以上吉數「財官星」得貴人暗中相助，如魚得水，又可增進靈感智慧相助，發財發官貴。

命名或更名錯用「地煞星」凶數、「空亡星」凶數、「中分星」凶數，則帶壞命運，一生孤獨無依，晚年命運坎坷。

四大命星帶「財官星」之命格，命名或更名取用「鬼神星」之大凶數，囂張跋扈，牢獄之災，或因意外傷亡，最直接應驗是：「鳥爲食亡、人爲財死」。

故「財官星」逢吉星之數則有所作爲，發富貴有望，若是「財官星」逢凶星之數則無所作爲，反而會陷入凶禍或牢獄之災難，「財官星」非眞吉，命名或更名選數宜愼用之（命格有吉星用之則吉、命格無吉星則忌用）。

先天四大命星帶有「文昌星」或姓名筆劃有「文昌星」吉數，命名或更名取「財官星」吉數可以從財從官。

先天四大命星帶有「乾坤星」或姓名筆劃有「乾坤星」吉數，命名或更名取「財官星」吉數，靠人際關係良好發財任官貴。

先天四大命星帶有「齊光星」或姓名筆劃有「齊光星」之吉數，命名或更名可以取「財官星」吉數，得「明」、「暗」貴人互動，升官發財富。其於吉星之吉數次之。

福德吉星論斷法

元神十二星數中以「福德星」最善良，有施捨濟人之心腸，最體貼人心，忍耐力很強，而且有多一事不如少一事之心態，事事以和爲貴，不與人爭執，待人溫和，平易近人，女性先天四大命星帶有「福德星」最吉，溫和之性情眞能宜家宜室，討人喜歡。

男性先天四大命星帶有「福德星」，若無強而有力的吉星會合，則性格軟弱，自主力不足，缺乏男人氣魄，處事婆婆媽媽，別人看在眼裡不舒服，上司不器重，女人未必喜歡這樣的男人。

女性先天四大命星帶有「天罡星」，可能個性太強烈，欠缺溫柔體貼，或心中有愛不善表達，命名或更名取用「福德星」之吉數，以柔制剛，軟化「天罡星」之強硬性格，婚姻路上會走得更美滿，人際關係或事業方面柔中帶剛強，有女中豪傑之做風，能掌握實權，獨當一面，又有賢淑女子溫柔的一面，人緣好，平易近人，一舉兩得，在社會上更上層樓。

女性命名或更名不忌多「福德星」之吉數，可帶來賢淑風範，人緣特佳，賢妻良母，相夫教子，吉上加吉。

男性命名或更名須審查先天四大命星，不帶「天罡星」或「鬼神星」則無須感化，可以少用「福德星」之吉數。

不論男性或女性，先天四大命星有「齊光星」或「文昌星」、「乾坤星」、「天罡星」、「鬼神星」，皆可用「福德星」之吉數。

不分男、女性，先天四大命星帶有「中分星」者謂之「正桃花格」，忌用「福德星」之吉數，「中分星」之正桃花本性淫亂無度，若再加上「福德星」之從善好施，容易以性愛做爲同情心同情異性，自動奉獻或自以爲施捨濟人。

地煞凶星論斷法

「地煞星」陰沉，嫉妒心重，不善交友，憂悶多歡樂少，孤僻自處，先天四大命星帶有「地煞星」大致都會身帶宿疾或遺傳病症。

「地煞星」之「因靈子氣」進入衰絕末段，先天四大命星帶有「地煞星」或在姓氏數中出現「地煞星」凶數命格之人宜特別注意，男性不育症及女性不孕症很多，此種命格最需要元神十二星數中的「齊光星」之吉數來扶輔，因為「齊光星」所帶來的子光氣中之「靈光氣」可以使本命的「因靈子氣」絕處逢生，重新活躍起來，對先天帶來的不孕症及不育症幫助莫大。

先天四大命星帶有「地煞星」之命格，命名或更名取用「乾坤星」之吉數可以使其在人際上較為活躍，同時可以在心情上舒解孤僻憂悶達到樂觀，減少老運身染宿疾。

「地煞星」是個凶星，「地煞星」所帶來的數是凶數，即使先天四大命星沒有「地煞星」，命名或更名也不該取用「地煞星」之凶數，若是姓名筆劃數上有「地煞星」之凶數，老運必帶宿疾，身體健康出大問題。

四大命星「地煞星」帶兩個以上，或姓名筆劃數又有多個「地煞星」之凶數，此人愛面子，嫉妒心很重，或因自卑感而自處，人與人之間不願輸給別人，反而帶來奮鬥心志很強，雖然在工作上會有成就表現，但相對輸掉人緣，心靈生活損失更大，老運性情變化很大，所帶來的病痛更多。

先天四大命星帶有「地煞星」姓名筆劃數又兼有「地煞星」之凶數，人緣不佳，性情暴躁，容易腦羞成怒，惟有「乾坤星」吉數可解。

空亡凶星論斷法

有時候用腦過度或工作太忙心靈壓力太重，眞的還恨不得自己有個「空亡星」可以憨厚放鬆一切，讓自己的心靈沉澱，享受一下憨憨的人生。

如果說大家都不去爭名奪利，恢復大自然賜予之樂天生活，命帶「空亡星」可以過著憨厚的日子何償不是幸福呢？

「空亡星」可以解釋如大病初癒調養階段，或在睡夢中憨憨糊糊的狀態，可是在這個工商社會躍越的時空中，容不得我們帶著「空亡星」過無憂無慮的日子，否則很快就落伍，很快就被淘汰，因爲在這無情的現代化社會裡，所以我們不要「空亡星」，只有心甘情願勞累自己，折磨自己，走在人生辛苦的路途上。

先天四大命星帶有「空亡星」之命格，逢「齊光星」謂「將帥帳下有雄兵」不忌諱空亡。逢「文昌星」或「乾坤星」可化解「空亡星」之憨厚。命格中帶有「空亡星」若先天四大命星無以上吉星化解，命名或更名之筆劃宜取以上吉星之吉數化解、可使命運化厄轉吉。

先天四大命星帶有「空亡星」又有「天罡星」會合，或「鬼神星」會合「空亡星」便落入梟雄惡煞手中，助其犯科做惡，此時命名或更名最宜尋求「齊光星」之吉數相助、有「齊光星」出現，「天罡星」、「鬼神星」、「空亡星」皆收爲將領兵卒爲我所用。

先天四大命星帶有「空亡星」最忌命名或更名取用「中分星」之凶數，桃花遇「空亡」男人到處留情播種，女性則不忌多夫。

先天四大命星之由來篇

生命四大元素之一【子光氣】

生命始之於光，是光之精華，亦可稱之爲「光精」，古今以來研究命理者不懂生命從何而來大有人在，憑良心說，不懂生命從何而來又怎知道從何論命？依據出生「年月日時」作爲論命之定義照書評論，也許自己都不相信，準確度可想而知。

至於光如何演化成爲「子光氣」？請讀者先參閱本書之「生命元靈學流程圖」以及「宇宙之光、宇宙光因子、宇宙子光氣」等之解說，或本人著作之《富貴智慧陽宅學》、《張朝閔教您如何找到先天富貴命》、《張朝閔教您如何創造富貴幸福命》，內容有詳細說明。

宇宙中凡是有靈性之動物，它生成的先天條件必先具備能吸取「子光氣」作爲養命之基礎，若是不能吸取「子光氣」就沒有生命生成可言，那麼肉體又從何而來呢？

《皇天元神億數》論「子光氣」數高達一億四千二百八十萬條子光線度，環繞周天共三十六層次，每一線度都能產生無數的「元靈氣」，是故宇宙元靈有多少，數也數不清。

人類元靈氣居於中天，《皇天元神億數》一一九〇〇起數至一五四七〇〇數，在此階段之「子光氣」是人類元靈之「營養劑」，沒有中天子光氣存在，人類就不會產生靈感智慧，那麼生命又有何意義呢？有它存在又會因爲時空之消長而使得「子光氣」物以類聚，創造出人類最需要的「陽元靈」。

每個人身上之元靈氣不同，所需要的子光氣也不同，人類因時空運轉，所吸取的「子光氣」也不相同，當然「子光氣」對我們身上的「元靈氣」喜忌也會產生差異，喜則吉、忌則凶。

※靈的啓示

長期吸取好的「子光氣」將使靈感智慧發達，當然行好運、鴻圖大展、發富貴。在這時候受孕，將會生育靈感智慧卓越、身心健康的寶寶，帶來下半輩子幸福與快樂。

長期吸取對自己不利的「子光氣」將使靈感智慧受到傷害，當然行運不佳，災禍接連發生，在這時候受孕，將會害了寶寶一輩子，也拖累了自己，失去後半生幸福與快樂，後半輩子可能帶來貧困潦倒，晚年痛苦。

生命四大元素之二【先天之氣】

「先天之氣」與父母受孕的時候有密切關係，當男人的精子射入女人的子宮裡也連帶將男人身上所吸取的「子光氣」一起射入，精子與卵子尚未交配之前，男女雙方之「子光氣」即先行會合，合化之後即為「先天之氣」，如果任何一方是「空炮彈」不能受孕，這股「先天之氣」起不了作用，而且很快就消失，如果是實彈命中受孕，那麼這股「先天之氣」便會延續到八十三天後，等待陽元靈入胎與陰元靈會合。

父母於受孕的時候，雙方都在時空中遇上吉利的「子光氣」會合，產生優良的「先天之氣」，必生靈感智慧卓越的好寶寶。

如果父母受孕的時候，雙方都在時空中遇上不良的「子光氣」會合，產生出不良的「先天之氣」，也許這輩子就要為這孩子付出沉痛的代價。

任何一方在受孕的時候遇上不良的「子光氣」，都有可能生靈感智慧差強的孩子，不孝或叛逆在所難免。

「先天之氣」所選擇的「陽元靈」帶來靈感智慧，它的重要遠勝過一切，它主導人生的「先天命」以及「後天運」，給人生帶來吉凶禍福以及富貴貧賤，你說「先天之氣」重要嗎？

生命四大元素之三【因靈子氣】

我說「因靈子氣」讀者聽了可能「霧煞煞」，若是說「基因」大家都知道，其實《皇天元神億數十生命元靈》所說的「因靈子氣」就是科學所說的部分基因所含帶的氣，所謂「基因」即是實質之體，所謂「因靈子氣」即是基因中的一股因靈子之活氣，科學所研究基因之質可以改變人類質體，創造另類，是道家及宗教家所不願見到的，因為改造質體則可以創造異類動物，最終可以毀滅人倫道德，也可以將人類消失，是多麼可怕的一件事。

《皇天元神億數十生命元靈學》研究「因靈子氣」是創造人類的靈感智慧，提升人類生命元靈氣，發展人類本有的優越素質為目的。

科學家研究人類的精子有二十三個基因染色體，卵子也有二十三個基因染色體，組合成為二十三對。

《皇天元神億數十生命元靈學》推算男性精子有二十四條「因靈子氣」，女性卵子也有二十四條「因靈子氣」，組合為四十九條「因靈子氣」，比基因多出三條，由此可

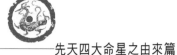

以證明科學未必比哲學先進，哲學能推算出來然而科學未必能發現到，如果有一天科學追上哲學必定人類世界末日近在眼前。

二十四加二十四等於四十八，即爲二十四組，其中多出一條「因靈子氣」，師祖曰：不可說，因爲它是「生命縱橫共同體」，亦可稱爲「靈母」，其他的我不便說，敬請見諒！

因靈子氣組合過程

有讀者來電問我：，受孕的起算日是否從性行爲開始？

在此我告訴讀者：不是精子進入子宮內起算，當精子進入子宮內約有七十二小時的等待期，除了卵子未成熟或是精子與卵子尚未會合之外，與時間也有很大關係，可以從《皇天元神億數》之子光氣數中發現，因爲《皇天元神億數》之子光氣數與父母受孕時的之子光氣數在數字上形成齒輪狀，兩個齒輪如果沒有卡上，就無法啓動，若是無法啓動，因靈子氣就無法組合，也就不能受孕、或受孕失敗。

所以不是每次性行爲就能受孕，有很多人身體健康狀況良好，找不出不孕育的原因與此有關。

四十九條「因靈子氣」必須先合化完成築成保護罩，之後精子與卵子中的「因靈子」才能完成交媾任務，其中任何一條「因靈子」氣弱或死亡，前者可能流產，後者絕對流產。

二十四對每三對組成一組共爲八組，每組皆由「靈母」縱橫串連貫通，形成「陰元靈氣」潛伏在人體內心深處流暢全身神經，貫通全身神經系統，完成爲時八十三天，這八十三天也就是一般婦女懷孕最容易小產或流產之時期。

人性遺傳【陰元靈】

四十九條「因靈子氣」結合完成之後，從那一刻起，人體的內心深處就潛伏了這個惡魔——「陰元靈」，它主控全身神經系統，以及腦神經思想，專往自私、損人利己的方向進行，為了自己好、自己得利，旁人死光都沒關係，這種惡毒的思想實在要不得。

話說回來，若是人類沒有這四十九條「因靈子氣」就無法組成「陰元靈」，那麼人類也就沒有能力遺傳後代了。

宇宙中之生成似乎都是冥冥之中註定，有陰必有陽，有陽必有陰，若是純陽或是純陰就無法生成或繁殖下一代，必會在這世界上消失，「陰元靈」雖壞必要有剋制管教它之物，「陰元靈」智慧低能，則必有相助它之物，所以宇宙中之「子光氣」會自行合化「陽元靈」進駐人體與「陰元靈」會合。

假使人類沒有「陰元靈」之自私、惡毒心態，每個人都是大善類，人類早成為野獸的美餐，在世界絕跡了，所以人類的「陰元靈」也是為了自保，因為自保而改變心態，才會變得自私自利。

如果這個時代有人沒有「陰元靈」，必是大善良的人，他能生存嗎？相信早就被有「陰元靈」的人吃掉了。

從以上分析「陰元靈」，我們可以從《皇天元神億數》加《生命元靈學》知道「陰元靈」在自身來說有三大任務。

一、爲人類傳宗接代。

二、保護自身。

三、找一個「陽元靈」來增進靈感智慧，倍伴終身。

※第一次結婚啓示

人之初，女兒身（陰元靈），當父母受孕八十三天後（陽元靈）入胎，即在母親腹中拜堂成親了，從那時候起你（妳）已經天地結合，正式爲人，是男是女，物已分明。（前者之氣「陰元靈」爲女兒身，後者之氣「陽元靈」爲男兒氣，入胎化合男女以質辨之），是故不論男體或是女體皆爲陰陽合化生成。

生命四大元素之四【陽元靈氣】

宇宙萬物胎化之前先行其氣，氣分陰陽，以陰爲生、以陽爲成，此生成之理爲萬物繁衍之定律，純陰不生、純陽不成，故孤陰或孤陽必爲時空所消失，若是陰陽兩氣際會則謂「氣化」。

宇宙之光精所產生出來的「光因子氣」其自有陰陽之別，在時空中陰陽際會，則此陰陽兩氣合化孕育成爲「子光氣」，子光氣是一股「活氣」，可以在宇宙空間生存，並且物以類聚，以同類的子光氣聚集在一起，來達到壯盛本身的元氣。

聚集越多的「子光氣」則元氣越旺盛，到達成熟的時候「子光氣」會產生異性相吸，即陰子光氣與陽子光氣兩氣合化孕育出有靈性的「陽元靈氣」。

這股「陽元靈氣」停留在宇宙時空中，一方面吸收「子光氣」壯大自己的「元靈氣」，一方面則等待動物受孕，時機一到便可以投入胎內與胎中的「陰元靈氣」結合，成爲生命中靈感智慧的導師。

靈感智慧導師——【陽元靈氣】

為什麼宇宙生物有靈感智慧？因為生物都有「陽元靈氣」附體，人類是高靈氣的「陽元靈氣」附體，所以才會創造出超越其他動物的靈感智慧，在宇宙中稱「王」。

「陽元靈氣」之靈性強弱代表人的靈感智慧高低，當然，身上附有強「陽元靈氣」之人，他的靈感智慧比普通人高，反之身上附低「陽元靈氣」之人，他的靈感智慧相對比別人低能了，所以人生的成功或失敗、富貴或貧賤，及吉凶禍福，與「陽元靈氣」強弱有百分之百的密切相關，我們應該承認，能在人群中奪魁而出發富發貴者，其人必有高於常人之靈感智慧，一定不會是白癡吧！

靈感高的人靈波較強，感應事物或預測未來勝過普通人，判斷力很正確，成功率相對提高，若是靈感低之人則靈波較弱，有些時候別人感應到的事物他卻毫無反應，平白錯失良機，對預測未來之判斷力不如他人，也許一輩子都跟著別人的背後走，所以他的成功率就相對低了。

每個人在父母受孕時所得到的先天氣不同，所附在體內的「陽元靈氣」性質不一樣，創造出來的靈感智慧也大不相同，故靈波啓發的靈感反應也不同，譬如說：有些人的靈波啓發之靈感對文學方面很有智慧，也有些人的靈波啓發的靈感對工程或技術方面很有智慧，兩者有文武之別，以及其他的各行各業之特性等等，都與自己的靈波所啓發之靈感有密切關係，千萬不可以硬拗，跟自己的元靈過意不去，否則拗錯方向將會一輩子後悔莫及，也會喪失一輩子的富貴幸福。

姓氏得數與元神十二星宮篇

祖德與遺產

大千世界，人類世代承傳祖先遺留之「有形」或「無形」的一切，佔有重要意義，爲人子孫必然承擔所有。

有形者：如現金、珠寶、古董、房產、土地、有價證券，以及各種物品，後代子孫無不睜大眼睛期盼遺產分配，惟恐分不均勻或分太少因此有所爭執，時常看見後代不孝子孫，因爭奪遺產無法擺平，動刀動棍大打出手，弄得頭破血流，親族長老無法解決，只有上法院打官司，世人看在眼裡難以置信，實感丟盡祖宗的顏面……。然而看在眼前的財產又有誰會爲自己想想，自己要如何創造出比上一代人更富有的財產呢！

無形者：現在已被科學證實的基因帶給子孫的遺傳，如：性格、形象、疾病……這些都是世代相承無可避免的事，有誰能說這些不好的東西不要，就不會傳到自己的身上，或傳到子女及下代子子孫孫的身上呢？現實的社會說到遺產爭議就有怎麼多說不完算不清的帳，不可避免的基因遺傳又能怎樣呢？

眞搞不懂，人出生在這世上，上天就賦予「靈感」、「智慧」，爲什麼不用自己的靈感智慧去創造自己的前程與名望財富，偏偏爲了祖先遺留的產業爭得面紅耳赤，難道說自己沒信心，沒能力創造出比祖先更富貴嗎？既使沒有能力做比祖先更好也不須爲遺產而爭，財富生不帶來，死不帶去，何須如此這般，不怕自己死後留下的遺產，兒女子孫也同樣撕破臉，大打出手嗎？

遺產留下給子孫是天經地義之事，但爲人子孫須具有容乃大的心態去面對，即使兄弟遇上此等事情也必須念在手足之情，寬宏大量，表現出好風範給自己的子女孫兒做好榜樣，免得將來兩腿一伸，屍肉未寒，兒女子孫有樣學樣，屍體臭了也沒人管。

人生在世從儉從善從道德修養留下積德福蔭兒女子孫，讓自己的下一代青出於藍，比上一代更加富貴，相信會比留下億萬遺產的價值更高。

命與財富

命中有時終須有，命中無時終須無，言雖如此，但也未必，如果不靠自己先天帶來的靈感智慧創造功名利祿，那麼生命來到世間有什麼義意呢？總不能說找一個富有人家投胎，靠遺產來養活一輩子，或靠遺產來享受人生吧！若是如此：老天爺眞沒睜大眼睛看看，將一個完美有靈感有智慧的「陽元靈」投胎在這樣不自愛的人身上。

《皇天元神億數十生命元靈學》將生命中所擁有的富貴與讀者分析以供參考，任何人用任何方法論命都把祖先遺留的財富佔爲自己的財富，在法律上當然合法取得，但以《皇天元神億數十生命元靈學》的看法不盡於此，應該可以視同「佔有」，因爲祖上遺產並非自己生命元靈的靈感智慧所創造出來，又有何榮耀可言？不但不能光宗耀祖，又怎能向自己的子孫交代呢？如果一代人或兩代人都靠祖產過日子，坐吃山空之後，下一代子孫沒得享福，他們一定會說：「我們家的祖產給爺爺父親敗光了。」想想看，連自己的子孫都咒罵上代人是「敗家子」又有什麼榮譽感呢？當然，前述並非說不可傳承祖上遺產，而是說我們有自己的靈感智慧，在人生中必須要將靈感智慧發揮到最大的力量，去創造富貴才是眞正屬於自己的「生命價値」，才不辜負老天爺的美意賜給我們「陽元靈」。

所謂「命中無時終須無」，大家都認爲是冥冥之中生命註定一切，其實太認命了吧！《皇天元神億數十生命元靈學》能改造生命，突破古今所說的：運可改、命不能改的理論。

「命中無時終須無」是極少數的苦命人，如身體殘缺或靈感智慧低能以致智商太低無法自立，這些可憐人之外，可以說其他大部分的人都是「命中有時終須有」，只因爲部分人不會掌握自己的生命，沒有啓發靈感智慧安排自己的命運，大意失荊州，以致命運乖離陷入困境，更因爲人性墮落不懂得回顧反省，將一切失敗歸屬命運安排，當然就接連失敗，枉度人生。

姓氏與子孫因果

中國數千年之人文歷史，姓氏代表部分遠親、近親及嫡親，在婚親方面近親及嫡親自古以來皆不適宜成婚，近代醫學進一步證實，近親結婚產生基因突變，會生育不健康不正常的後代，這種事老祖先早已知道，若不是近代醫學發現，也許有人還在說：「沒有科學依據太迷信了」。

《皇天元神億數十生命元靈學》從先天的「因靈子」以及「陽元靈」投胎與「陰元靈」化合之時空過程中發現，姓氏與子孫冥冥之中有著因果相連，雖然不能找出科學的依據，但與基因的遺傳有相同的理論存在，應該不算是迷信吧！儘管學術理論正確，但也有些事未必如此，譬如說：認養沒有血緣關係者，以及有夫之婦女外遇懷孕所生者，這部分《皇天元神億數十生命元靈學》無法從姓氏血緣找到眞正的因靈子氣，除非事前言明，否則偏離姓氏血緣也許在命格論命會有錯誤。

祖先不良遺傳可以避免

姓氏代表血緣之親疏，以及祖先與子孫之遺傳基因，由此可證明姓氏與命運有決定性相關，坊間論命或命名、更名從未有提起姓氏與命運之關係，惟《皇天元神億數十生命元靈》對此特別慎重，並藉此機會向讀者解說。

從《皇天元神億數》數值中可以推算出姓氏筆劃數所得之星象吉凶，便知祖先遺傳給子孫基因中之「因靈子氣」是吉或凶，吉則兒孫之後天人生命運幸福，身體健康，事事如意，前途光明，事業學業順利，生兒育女品學優良。凶則兒孫之後天人生命運不佳，身體不健康，事業學業不順利，命運坎坷，更有可能生兒育女也會遺傳先天之不良品性或身體宿疾。若從姓氏中發現有凶星伴隨，《皇天元神億數十生命元靈》可以做事先防範，以免自己及子孫受到先天遺傳而遭受不祥之災禍。

醫學證明先天遺傳未必是當代，有的是相隔數代，先天遺傳不一定人人都有，只是有可能而已，如父母生下五個孩子卻有部分的孩子受到先天遺傳，但是也有部分的孩子並未受到遺傳，沒有受到遺傳的人所生的後代子孫也不能保證不會有祖先的遺傳，如此說法，似乎感覺到醫學的盲點可能要比命學更多。

《皇天元神億數十生命元靈》針對此醫學之迷惑，深入研究發現，先天遺傳成功與父母受孕有相當相關，因為人類基因中的「因靈子氣」有盛衰週期，每個人身上的基因都有可能潛伏著或多或少的「不良因子」，當父母身上的「因靈子氣」在旺盛之期受孕，潛伏在身上的「不良因子」就相對弱勢不易遺傳，若是父母身上的「因靈子氣」在衰弱之期受孕，潛伏在身上的不良因子就相對旺盛遺傳給下一代之可能性大增，所以受孕時機一定要選擇「因靈子氣」旺盛期，切莫選擇衰弱期禍延子孫。

《皇天元神億數》姓氏筆劃數值進入凶星，如：「鬼神星」、「中分星」、「地煞星」、「空亡星」等，皆屬於父母受孕時之「因靈子」氣弱或氣雜，相對不良因子的遺傳會更高，這些都是因為父母受孕之期遇上不良的子光氣，得不到子光氣中優良的「靈光氣」，所以受孕生育的孩子因為正統基因之氣（因靈子氣）抵抗力不足，很可能遺傳「不良因子」，致使身心失去健康。

若是姓氏筆劃數值進入吉星，如：「元神星」、「文昌星」、「乾坤星」、「齊光星」、「主運星」、「財官星」、「福德星」等，皆在父母受孕時之「因靈子」氣旺盛，沒有雜氣干擾。相對父母受孕期遇上優良的子光氣，萃取子光氣中好的「靈光氣」，可以產育身心健康靈感智慧豐富的好寶寶，助父母發富貴，蔭父母家人幸福。請參閱我的著作《富貴受孕優生學》。

姓氏得數——元神星

元神星乃是「陰元靈」、「陽元靈」化合後，生命元神靈眠初醒之第一個星，靈感智慧較為遲緩，但有深思反省的能力，處事穩健。

元神星居於斗君之數值進入姓氏筆劃，是因為祖上的因靈子氣進入地煞星或空亡星位之後再生育子女。子孫姓氏進入元神星數謂之絕處逢生，或稱之為草木逢春，逢此數值是生命元靈開始從弱轉旺，屬於吉利數值。

姓氏得數「元神星」，命名或更名最宜配合「文昌星」、「乾坤星」、「齊光星」等之筆劃數乃吉上加吉。

姓氏得數「元神星」，命名或更名最忌「空亡星」及「中分星」，靈感智慧下降思想搖擺不定，成事不足、敗事有餘，宜避之為吉。

姓氏得數「元神星」靈感智慧反應稍遲，若先天四大命星出現「主運星」，則「元神星」可以制化「主運星」魯莽性格反而大吉。

姓氏得數——文昌星

元靈合化、靈眠初醒在「元神星」，人生始學為「文昌星」，靈感智慧充沛，姓氏得數「文昌星」，從此代起出子孫聰慧，可望發財富顯權貴，光耀祖宗，甚至富貴順延數代，但在《皇天元神億數十生命元靈學》之先天四大命星中不宜見到「中分星」，否則謂「破局」，只能移花接木繼承他人香火，或富貴一顯即消失，乃祖德無福之格，或可從先天命盤中化解「中分星」可保平安，次則查祖上是否有絕房祖靈，如果有絕房祖靈，宜辯理過繼承祠香火手續必可逢凶化吉。

通常民間風俗有云：長子不給他人過繼，如果是直系同祖宗則無此顧忌，因為直系同祖宗可以共用一祖先牌位供奉，無須多加一個祖先牌位，更不影響後代子孫。

姓氏得數——天罡星

始學之「文昌星」必有心得或因成就感致使姓氏得數「天罡星」帶來傲氣，凡事自以為是，不相信別人，不聽信好言勸導，血氣方剛，性格衝動，不服人的個性常會自食惡果，這是祖上先人遺傳的一股叛逆性傲氣，生逢革命時代打抱不平仗義執言發權貴，生逢太平時代言而有信受人尊敬，但英雄無用武之處，生逢亂世時代英雄氣概太愛管閒事撞得滿頭是包，福報他人不言謝，好事做多亦無功，吉凶各參半之星象。

姓氏得數「天罡星」，命名或更名取用「齊光星」之筆劃數，次爲「乾坤星」或「文昌星」之筆劃數可化解「天罡星」叛逆之氣。

姓氏得數「天罡星」，命名或更名取用「福德星」剛柔並濟，可化解「天罡星」帶來之暴躁性格，男命女命皆可用之。

姓氏得數——乾坤星

上輩祖先祖德極佳，行善不爲人知，樂意助人不求回報，正所謂「福報子孫」，兩代內之子孫必出官貴，而且是愛民如子的清廉好官，爲官不傲能惜福，尙可再福報下代子孫，若本命在《皇天元神億數十生命元靈學》之先天命盤四大命星中不見凶星伴隨，富貴加冠，再逢「齊光星」官至極品，若見凶星相伴，如：地煞星、空亡星、中分星、鬼神星，宜於幼年制化可化凶爲吉，凶星若無制化，易遭奸人或小人傷害，仕途坎坷。

姓氏得數「乾坤星」，命名或更名取用之筆劃數從吉星之數即可。

姓氏得數「乾坤星」受祖宗庇佑，一生幸福福祿壽齊全，爲人性情溫和，善交良友，受人愛戴，人人尊敬。

姓氏得數——齊光星

「齊光星」是元神十二星最爲尊貴的一個星，先天四大命星得之貴不可言，姓氏筆劃數得之可斷定祖宗有高道德，冥冥之中立下大功，或因行大善濟世救民，誥慰「陰德」，今世將此陰德福蔭在後代子孫身上，若在本命先天四大命星中帶有將星出現（將星爲天罡星或主運星），必是萬人之尊，一身富貴、福祿壽齊全。

有少部分高官富貴之命從先天命盤中查出四大命星平平，不見得很好，但卻有驚人的財富或大權在握，這些都是因爲祖德庇蔭姓氏數得「齊光星」，祖宗庇蔭子孫所致。

「齊光星」是貴人互動之星，姓氏得之或先天四大命星得之皆爲大吉大利，上有貴人提拔，下以施善待人，別人以你的「齊光星」爲貴人，需要你提拔，寧願做你的墊腳石。

姓氏得數——鬼神星

祖先流產或墮胎、或生子夭折未做善後處理。

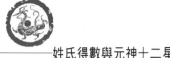

祖先發富不善或富而不義，或取得不義之財致富。
祖先發貴爲官不正，大權在手欺壓善良百姓。
以上三項皆有因果報應，禍延子孫。

「鬼神星」最容易產生現世報，如婦女流產、墮胎或生育夭折，下一胎出生的子女先天命盤中之先天四大命星大部分帶有「鬼神星」，男人風流致使女人懷孕要求墮胎，再與另一女子結婚，無形中也會生出四大命星帶有「鬼神星」的子女。

姓氏得數「鬼神星」可求取「道家仙方沐浴療法」消解災厄，以求平安。

先天四大命星帶有「鬼神星」命格之人，逢「齊光星」會合有制化，逢凶化吉另當別論，若不見「齊光星」則「鬼神星」凶惡，非以「道家仙方沐浴療法」制化消災解厄不可，否則一生帶血光災禍。

姓氏得數——主運星

元神十二星中以「主運星」爲平衡之星象，通常會出現在忠厚善良、勤儉辛勞之祖先的子孫姓氏數上，它代表人性中庸之氣，出後代子孫較爲忠良，若本命先天四大命星出現「文昌星」、「乾坤星」、「齊光星」任何一個星象，必可因而得富或得貴。

姓氏得數「主運星」為中吉，若會合先天四大命星之內其中有一個特吉之星則可大吉，但又忌凶星伴隨。

有此說：「主運星，頭腦少根筋」，是因為主運星之命格做事急性魯莽不愛動腦，未想清楚就行動，手腳比頭腦反應快，往往「吃急弄破碗」造成「成事不足、敗事有餘」，但會吉星就無此顧忌。

姓氏得數——中分星

基因中之「因靈子氣」，到此「中分星」階段開始有漸漸轉弱的趨勢，「因靈子」也會因此預感要更換新的路線，走出一條比較旺的路線延續新生命，《皇天元神億數十生命元靈學》可以從姓氏得數「中分星」發現，此時若能夠順其自然，過房承祠或由異姓認養則可化解「中分星」之不良反應，否則此命格之人性情不穩，喜新厭舊，並帶桃花，風流成性，生兒女交給另一半養育，到老孤苦無依，儘管先天四大命星皆吉亦難改祖上姓氏得數帶來之本性。

姓氏得「中分星」數而且在命格之四大命星中又見「空亡星」、「地煞星」、「中分星」其中之一個星，則為「淫亂桃花格」，女性不利婚姻，男人淫性放盪不愛家庭妻兒子女。

姓氏得數「中分星」不論男性或女性皆不利家庭，投資合夥亦不利，所謂中分即是——破碎的預兆或象徵。

姓氏得數——財官星

爲人父母長輩無不望子成龍望女成鳳，發財富當大官，或許不在人世間的祖先也有同樣的想法，希望後代子孫能爲祖先光宗耀祖。

姓氏得數「財官星」顧名思義有財有官，然而人的思想必定爲財爲官而爭，冥冥之中祖先之靈氣會因近親感應帶動子孫的思想，但若子孫先天命之四大命星無官貴致富之命，很有可能求福得禍。

先天四大命星有「齊光星」、「文昌星」、「乾坤星」，、姓氏得數「財官星」可爲吉用，並且仕途順利。

四大命星無吉星相拱，出現凶星攪局，則心有餘而力不足，不能任財任官，財官星因愛官貪財反爲禍害。可以從命名或更名取吉星扶輔，或取先天命之「齊光星」的方位萃取「靈光氣」充實靈感智慧。若是命名或更名不愼取得凶星筆劃數，則必遭凶禍。

姓氏得數——福德星

基因中之「因靈子」進入第八道子光氣「中分星」即開始轉弱，第九道子光氣「財官星」已呈現心有餘而力不足，需要有吉星相輔助，本道子光氣「福德星」則進入退化期，修身養性的狀態，故「福德星」善良不爭世事，極富同情心，雖爲吉星但其性柔和，女命得之最吉，男命得「福德星」太溫和氣魄不足難成大事，雖吉利但不如女性之美。

男命姓氏得數「福德星」，命名或更名可取「天罡星」之數剛柔並濟，加強其性格果斷則可成大事。

男命姓氏得數「福德星」，命名或更名取「天罡星」，可以自化「天罡星」之叛逆性反得其美，個性剛中帶溫和，有如「乾坤星」之命格。

男命姓氏得數「福德星」，若無吉星相助，命名或更名皆需要取吉星筆劃數相拱爲妙，否則性格大軟弱容易吃虧。

姓氏得數——地煞星

元神十二星中以地煞星之「因靈子氣」最弱，此道子光氣進入死絕狀態最不吉利，姓氏得數「地煞星」大致體弱多病或有遺傳疾病。

姓氏得數「地煞星」，「因靈子氣」不活躍，男人容易患不育症或陽痿，女人容易患不孕症或子宮寒卵子不易著床，男女都有可能患生殖器官疾病，或血液循環不良所引起之酸痛疾病。

姓氏得數「地煞星」，採道家仙方加味做「沐浴療法」，消除病魔雜邪之氣，使「因靈子氣」由弱轉旺，次以「齊光星」的方位萃取子光氣中之「靈光氣」，可以改善不孕育症及身體病痛。

姓氏得數「地煞星」，若加上先天四大命星又帶「地煞星」，有不孕育絕後的徵兆，女性若先天四大命星帶有「鬼神星」流產難避免。

姓氏得數——空亡星

「空亡星」居於第十二道子光氣中，如同重病初癒昏睡狀態，神智糢糊不清，姓氏得此「空亡星」數之人憨厚，靈感智慧低弱，因爲「因靈子氣」尙未復原以致智能欠缺或健忘，反應遲純。

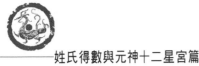

有些人先天四大命星皆吉星，實際上命運卻不如四大命星之吉利，原因出在祖先的「因靈子氣」進入「空亡星」數，影響後天行運。

姓氏得數「空亡星」宜以「道家仙方沐浴療法」清除心靈上的「空亡」障礙，次以「齊光星」的方位萃取子光氣中之「靈光氣」相輔助，最好能長期服用炒熟的黑芝麻，飯後喝一碗白木耳湯，有助增長靈感智慧。

先天四大命星帶有「齊光星」，姓氏有「空亡星」不忌，「齊光星」爲帥、「空亡星」爲卒，可謂將帥有兵卒爲用反而逢凶化吉。

因靈子氣盛衰周期圖

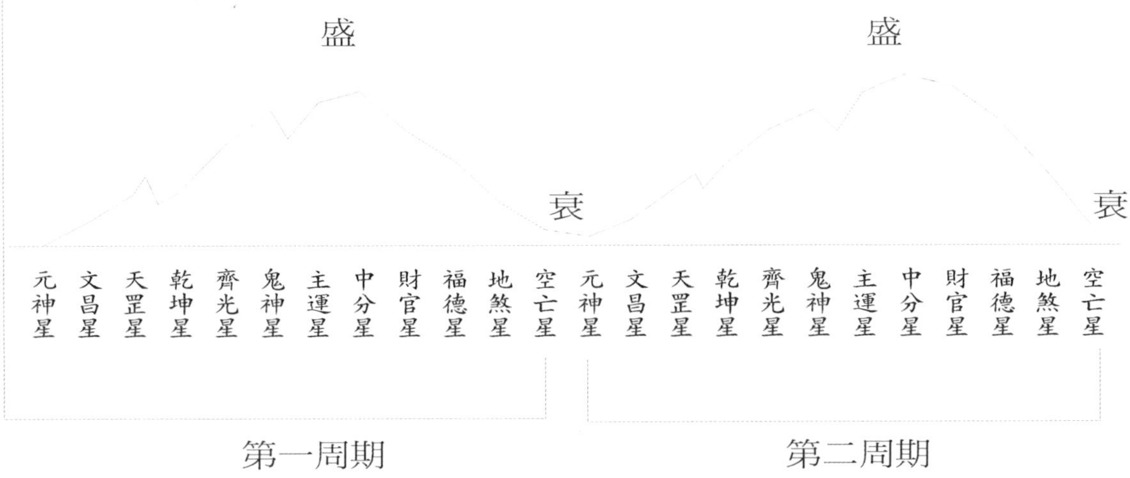
盛
盛
衰
衰
元神星
文昌星
天罡星
乾坤星
齊光星
鬼神星
主運星
中分星
財官星
福德星
地煞星
空亡星
元神星
文昌星
天罡星
乾坤星
齊光星
鬼神星
主運星
中分星
財官星
福德星
地煞星
空亡星
第一周期
第二周期

姓氏筆劃與斗君篇

姓氏筆劃二數、十四數

卜、丁、廖、溫、通、郝……………

皇天元神億數：一四二八一數至二六一七九數。
本命星宿（星宿入胎元靈氣）：日、虛、女。
命宮（斗君位）：正北斗君，姓氏筆劃得十四數、二數——文昌星大吉。

皇天元神億數：二六一八〇數至三八〇八〇數。
本命星宿（星宿入胎元靈氣）：牛、斗、箕。
命宮（斗君位）：北斗二宮，姓氏筆劃得十四數、二數——元神星吉利。

皇天元神億數：三八〇八一數至四九九七九數。
本命星宿（星宿入胎元靈氣）：箕、尾、心。
命宮（斗君位）：北斗三宮，姓氏筆劃得十四數、二數——空亡星不吉。

皇天元神億數：四九九八〇數至六一八八〇數。
本命星宿（星宿入胎元靈氣）：房、氐、亢。
命宮（斗君位）：北斗四宮，姓氏筆劃得十四數、二數——地煞星不吉。

皇天元神億數：六一八八一數至七三七七九數。
本命星宿（星宿入胎元靈氣）：亢、角、軫。
命宮（斗君位）：北斗五宮，姓氏筆劃得十四數、二數——福德星男吉利女大吉。

皇天元神億數：七三七八〇數至八五六八〇數。
本命星宿（星宿入胎元靈氣）：翼、張、月。
命宮（斗君位）：北斗六宮，姓氏筆劃得十四數、二數——財官星吉利。

皇天元神億數：八五六八一數至九七五七九數。
本命星宿（星宿入胎元靈氣）：月、星、柳。
命宮（斗君位）：正南斗君，姓氏筆劃得十四數、二數——中分星不吉。

皇天元神億數：九七五八〇數至一〇九四八〇數。
本命星宿（星宿入胎元靈氣）：鬼、井、參。
命宮（斗君位）：南斗八宮，姓氏筆劃得十四數、二數——主運星吉利。

皇天元神億數：一〇九四八一數至一二一三七九數。
本命星宿（星宿入胎元靈氣）：參、觜、畢。
命宮（斗君位）：南斗九宮，姓氏筆劃得十四數、二數——鬼神星不吉。

皇天元神億數：一二一三八〇數至一三三二八〇數。
本命星宿（星宿入胎元靈氣）：昴、胃、婁。
命宮（斗君位）：南斗十宮，姓氏筆劃得十四數、二數——齊光星大吉。

皇天元神億數：一三三二八一數至一四五一七九數。
本命星宿（星宿入胎元靈氣）：胃、奎、壁。

命宮（斗君位）：南斗十一宮，姓氏筆劃得十四數、二數——乾坤星大吉。

皇天元神億數：一四五一八〇數至一四二八〇數。

本命星宿（星宿入胎元靈氣）：室、危、日。

命宮（斗君位）：南斗十二宮，姓氏筆劃得十四數、二數——天罡星半吉半凶。

姓氏筆劃數三、十五數

于、葉、劉、郭、萬、黎、董、葛、褚、闊、歐……

皇天元神億數：一四二八一數至二六一七九數。
本命星宿（星宿入胎元靈氣）：日、虛、女。
命宮（斗君位）：正北斗君，姓氏筆劃得十五數、三數——天罡星半吉半凶。

皇天元神億數：二六一八〇數至三八〇八〇數。
本命星宿（星宿入胎元靈氣）：牛、斗、箕。
命宮（斗君位）：北斗二宮，姓氏筆劃得十五數、三數——文昌星大吉。

皇天元神億數：三八〇八一數至四九九七九數。
本命星宿（星宿入胎元靈氣）：箕、尾、心。
命宮（斗君位）：北斗三宮，姓氏筆劃得十五數、三數——元神星吉利。

皇天元神億數：四九九八〇數至六一八八〇數。
本命星宿（星宿入胎元靈氣）：房、氐、亢。
命宮（斗君位）：北斗四宮，姓氏筆劃得十五數、三數——空亡星不吉。

皇天元神億數：六一八八一數至七三七七九數。
本命星宿（星宿入胎元靈氣）：亢、角、軫。
命宮（斗君位）：北斗五宮，姓氏筆劃得十五數、三數——地煞星不吉。

皇天元神億數：七三七八〇數至八五六八〇數。
本命星宿（星宿入胎元靈氣）：翼、張、月。
命宮（斗君位）：北斗六宮，姓氏筆劃得十五數、三數——福德星吉利。

皇天元神億數：八五六八一數至九七五七九數。
本命星宿（星宿入胎元靈氣）：月、星、柳。
命宮（斗君位）：正南斗君，姓氏筆劃得十五數、三數——財官星吉利。

皇天元神億數：九七五八〇數至一〇九四八〇數。
本命星宿（星宿入胎元靈氣）：鬼、井、參。
命宮（斗君位）：南斗八宮，姓氏筆劃得十五數、三數——中分星不吉。

皇天元神億數：一〇九四八一數至一二一三七九數。
本命星宿（星宿入胎元靈氣）：參、觜、畢。
命宮（斗君位）：南斗九宮，姓氏筆劃得十五數、三數——主運星吉利。

皇天元神億數：一二一三八〇數至一三三二八〇數。
本命星宿（星宿入胎元靈氣）：昴、胃、婁。
命宮（斗君位）：南斗十宮，姓氏筆劃得十五數、三數——鬼神星不吉。

皇天元神億數：一三三二八一數至一四五一七九數。
本命星宿（星宿入胎元靈氣）：胃、奎、壁。

命宮（斗君位）：南斗十一宮，姓氏筆劃得十五數、三數——齊光星大吉。

皇天元神億數：一四五一八〇數至一四二八〇數。

本命星宿（星宿入胎元靈氣）：室、危、日。

命宮（斗君位）：南斗十二宮，姓氏筆劃得十五數、三數——乾坤星大吉。

姓氏筆劃四數、十六數

王、孔、牛、毛、方、尹、尤陳、賴、潘、盧、錢、駱、陸、魯、龍、穆

……………

皇天元神億數：一四二八一數至二六一七九數。

本命星宿（星宿入胎元靈氣）：日、虛、女。

命宮（斗君位）：正北斗君，姓氏筆劃得十六數、四數——乾坤星吉利。

皇天元神億數：二六一八〇數至三八〇八〇數。

本命星宿（星宿入胎元靈氣）：牛、斗、箕。

命宮（斗君位）：北斗二宮，姓氏筆劃得十六數、四數——天罡星半吉半凶。

皇天元神億數：三八〇八一數至四九九七九數。

本命星宿（星宿入胎元靈氣）：箕、尾、心。

命宮（斗君位）：北斗三宮，姓氏筆劃得十六數、四數——文昌星大吉。

皇天元神億數：四九九八〇數至六一八八〇數。

本命星宿（星宿入胎元靈氣）：房、氐、亢。

命宮（斗君位）：北斗四宮，姓氏筆劃得十六數、四數——元神星吉利。

皇天元神億數：六一八八一數至七三七七九數。

本命星宿（星宿入胎元靈氣）：亢、角、軫。

命宮（斗君位）：北斗五宮，姓氏筆劃得十六數、四數——空亡星不吉。

皇天元神億數：七三七八〇數至八五六八〇數。

本命星宿（星宿入胎元靈氣）：翼、張、月。

命宮（斗君位）：北斗六宮，姓氏筆劃得十六數、四數——地煞星不吉。

皇天元神億數：八五六八一數至九七五七九數。

本命星宿（星宿入胎元靈氣）：月、星、柳。
命宮（斗君位）：正南斗君，姓氏筆劃得十六數、四數——福德星男吉女大吉。

皇天元神億數：九七五八〇數至一〇九四八〇數。
本命星宿（星宿入胎元靈氣）：鬼、井、參。
命宮（斗君位）：南斗八宮，姓氏筆劃得十六數、四數——財官星吉利。

皇天元神億數：一〇九四八一數至一二一三七九數。
本命星宿（星宿入胎元靈氣）：參、觜、畢。
命宮（斗君位）：南斗九宮，姓氏筆劃得十六數、四數——中分星不吉。

皇天元神億數：一二一三八〇數至一三三二八〇數。
本命星宿（星宿入胎元靈氣）：昴、胃、婁。
命宮（斗君位）：南斗十宮，姓氏筆劃得十六數、四數——主運星吉利。

皇天元神億數：一三三二八一數至一四五一七九數。
本命星宿（星宿入胎元靈氣）：胃、奎、壁。
命宮（斗君位）：南斗十一宮，姓氏筆劃得十六數、四數──鬼神星不吉。

皇天元神億數：一四五一八〇數至一四二八〇數。
本命星宿（星宿入胎元靈氣）：室、危、日。
命宮（斗君位）：南斗十二宮，姓氏筆劃得十六數、四數──齊光星大吉。

姓氏筆劃五數、十七數

古、白、史、包、田、石、左、冉、蔡、謝、鐘、韓、蔣、鄒……

皇天元神億數：一四二八一數至二六一七九數。
本命星宿（星宿入胎元靈氣）：日、虛、女。
命宮（斗君位）：正北斗君，姓氏筆劃得十七數、五數——齊光星大吉。

皇天元神億數：二六一八〇數至三八〇八〇數。
本命星宿（星宿入胎元靈氣）：牛、斗、箕。
命宮（斗君位）：北斗二宮，姓氏筆劃得十七數、五數——乾坤星大吉。

皇天元神億數：三八〇八一數至四九九七九數。
本命星宿（星宿入胎元靈氣）：箕、尾、心。
命宮（斗君位）：北斗三宮，姓氏筆劃得十七數、五數——天罡星半吉半凶。

皇天元神億數：四九九八○數至六一八八○數。
本命星宿（星宿入胎元靈氣）：房、氐、亢。
命宮（斗君位）：北斗四宮，姓氏筆劃得十七數、五數——文昌星大吉。

皇天元神億數：六一八八一數至七三七七九數。
本命星宿（星宿入胎元靈氣）：亢、角、軫。
命宮（斗君位）：北斗五宮，姓氏筆劃得十七數、五數——元神星吉利。

皇天元神億數：七三七八○數至八五六八○數。
本命星宿（星宿入胎元靈氣）：翼、張、月。
命宮（斗君位）：北斗六宮，姓氏筆劃得十七數、五數——空亡星不吉。

皇天元神億數：八五六八一數至九七五七九數。
本命星宿（星宿入胎元靈氣）：月、星、柳。

命宮（斗君位）：正南斗君，姓氏筆劃得十七數、五數——地煞星不吉。

皇天元神億數：九七五八〇數至一〇九四八〇數。

本命星宿（星宿入胎元靈氣）：鬼、井、參。

命宮（斗君位）：南斗八宮，姓氏筆劃得十七數、五數——福德星男吉女大吉。

皇天元神億數：一〇九四八一數至一二一三七九數。

本命星宿（星宿入胎元靈氣）：參、觜、畢。

命宮（斗君位）：南斗九宮，姓氏筆劃得十七數、五數——財官星吉利。

皇天元神億數：一二一三八〇數至一三三二八〇數。

本命星宿（星宿入胎元靈氣）：昴、胃、婁。

命宮（斗君位）：南斗十宮，姓氏筆劃得十七數、五數——中分星不吉。

皇天元神億數：一三三二八一數至一四五一七九數。

本命星宿（星宿入胎元靈氣）：胃、奎、壁。
命宮（斗君位）：南斗十一宮，姓氏筆劃得十七數、五數——主運星吉利。
皇天元神億數：一四五一八〇數至一四二八〇數。
本命星宿（星宿入胎元靈氣）：室、危、日。
命宮（斗君位）：南斗十二宮，姓氏筆劃得十七數、五數——鬼神星不吉。

姓氏筆劃六數、十八數

朱、任、向、簡、魏、顏、戴、闕……

皇天元神億數：一四二八一數至二六一七九數。
本命星宿（星宿入胎元靈氣）：日、虛、女。
命宮（斗君位）：正北斗君，姓氏筆劃得六數、十八數——鬼神星不吉。

皇天元神億數：二六一八〇數至三八〇八〇數。
本命星宿（星宿入胎元靈氣）：牛、斗、箕。
命宮（斗君位）：北斗二宮，姓氏筆劃得六數、十八數——齊光星大吉。

皇天元神億數：三八〇八一數至四九九七九數。
本命星宿（星宿入胎元靈氣）：箕、尾、心。
命宮（斗君位）：北斗三宮，姓氏筆劃得六數、十八數——乾坤星大吉。

皇天元神億數：四九九八〇數至六一八八〇數。
本命星宿（星宿入胎元靈氣）：房、氐、亢。
命宮（斗君位）：北斗四宮，姓氏筆劃得六數、十八數——天罡星半吉半凶。

皇天元神億數：六一八八一數至七三七七九數。
本命星宿（星宿入胎元靈氣）：亢、角、軫。
命宮（斗君位）：北斗五宮，姓氏筆劃得六數、十八數——文昌星大吉。

皇天元神億數：七三七八〇數至八五六八〇數。
本命星宿（星宿入胎元靈氣）：翼、張、月。
命宮（斗君位）：北斗六宮，姓氏筆劃得六數、十八數——元神星吉利。

皇天元神億數：八五六八一數至九七五七九數。
本命星宿（星宿入胎元靈氣）：月、星、柳。
命宮（斗君位）：正南斗君，姓氏筆劃得六數、十八數——空亡星不吉。

皇天元神億數：九七五八〇數至一〇九四八〇數。
本命星宿（星宿入胎元靈氣）：鬼、井、參。
命宮（斗君位）：南斗八宮，姓氏筆劃得六數、十八數——地煞星不吉。
皇天元神億數：一〇九四八一數至一二一三七九數。
本命星宿（星宿入胎元靈氣）：參、觜、畢。
命宮（斗君位）：南斗九宮，姓氏筆劃得六數、十八數——福德星男吉女大吉。
皇天元神億數：一二一三八〇數至一三三二八〇數。
本命星宿（星宿入胎元靈氣）：昴、胄、婁。
命宮（斗君位）：南斗十宮，姓氏筆劃得六數、十八數——財官星吉利。
皇天元神億數：一三三二八一數至一四五一七九數。
本命星宿（星宿入胎元靈氣）：胄、奎、壁。

命宮（斗君位）：南斗十一宮，姓氏筆劃得六數、十八數——中分星不吉。

皇天元神億數：一四五一八〇數至一四二八〇數。

本命星宿（星宿入胎元靈氣）：室、危、日。

命宮（斗君位）：南斗十二宮，姓氏筆劃得六數、十八數——主運星吉利。

姓氏筆劃七數、十九數

吳、宋、李、江、何、杜、余、呂、巫、車、谷、鄧、簫、薛、鄭、譚、龐、關⋯⋯⋯⋯

皇天元神億數：一四二八一數至二六一七九數。

本命星宿（星宿入胎元靈氣）：日、虛、女。

命宮（斗君位）：正北斗君，姓氏筆劃得七數、十九數——主運星吉利。

皇天元神億數：二六一八〇數至三八〇八〇數。

本命星宿（星宿入胎元靈氣）：牛、斗、箕。

命宮（斗君位）：北斗二宮，姓氏筆劃得七數、十九數——鬼神星不吉。

皇天元神億數：三八〇八一數至四九九七九數。

本命星宿（星宿入胎元靈氣）：箕、尾、心。

命宮（斗君位）：北斗三宮，姓氏筆劃得七數、十九數——齊光星大吉。

皇天元神億數：四九九八〇數至六一八八〇數。

本命星宿（星宿入胎元靈氣）：房、氐、亢。

命宮（斗君位）：北斗四宮，姓氏筆劃得七數、十九數——乾坤星大吉。

皇天元神億數：六一八八一數至七三七七九數。

本命星宿（星宿入胎元靈氣）：亢、角、軫。

命宮（斗君位）：北斗五宮，姓氏筆劃得七數、十九數——天罡星半吉半凶。

皇天元神億數：七三七八〇數至八五六八〇數。

本命星宿（星宿入胎元靈氣）：翼、張、月。

命宮（斗君位）：北斗六宮，姓氏筆劃得七數、十九數——文昌星大吉。

皇天元神億數：八五六八一數至九七五七九數。

本命星宿（星宿入胎元靈氣）：月、星、柳。
命宮（斗君位）：正南斗君，姓氏筆劃得七數、十九數——元神星吉利。

皇天元神億數：九七五八〇數至一〇九四八〇數。
本命星宿（星宿入胎元靈氣）：鬼、井、參。
命宮（斗君位）：南斗八宮，姓氏筆劃得七數、十九數——空亡星不吉。

皇天元神億數：一〇九四八一數至一二一三七九數。
本命星宿（星宿入胎元靈氣）：參、觜、畢。
命宮（斗君位）：南斗九宮，姓氏筆劃得七數、十九數——地煞星不吉。

皇天元神億數：一二一三八〇數至一三三二八〇數。
本命星宿（星宿入胎元靈氣）：昴、胄、婁。
命宮（斗君位）：南斗十宮，姓氏筆劃得七數、十九數——福德星男吉女大吉。

皇天元神億數：一三三二八一數至一四五一七九數。
本命星宿（星宿入胎元靈氣）：胃、奎、壁。
命宮（斗君位）：南斗十一宮，姓氏筆劃得七數、十九數——財官星吉利。

皇天元神億數：一四五一八〇數至一四二八〇數。
本命星宿（星宿入胎元靈氣）：室、危、日。
命宮（斗君位）：南斗十二宮，姓氏筆劃得七數、十九數——中分星不吉。

姓氏筆劃八數、二十數

林、周、汪、金、孟、官、卓、沈、武、季、屈、羅、鐘、藍、嚴

皇天元神億數：一四二八一數至二六一七九數。
本命星宿（星宿入胎元靈氣）：日、虛、女。
命宮（斗君位）：正北斗君，姓氏筆劃得八數、二十數——中分星不吉。

皇天元神億數：二六一八〇數至三八〇八〇數。
本命星宿（星宿入胎元靈氣）：牛、斗、箕。
命宮（斗君位）：北斗二宮，姓氏筆劃得八數、二十數——主運星吉利。

皇天元神億數：三八〇八一數至四九九七九數。
本命星宿（星宿入胎元靈氣）：箕、尾、心。

命宮（斗君位）：北斗三宮，姓氏筆劃得八數、二十數——鬼神星不吉。
皇天元神億數：四九九八〇數至六一八八〇數。
本命星宿（星宿入胎元靈氣）：房、氐、亢。
命宮（斗君位）：北斗四宮，姓氏筆劃得八數、二十數——齊光星大吉。
皇天元神億數：六一八八一數至七三七七九數。
本命星宿（星宿入胎元靈氣）：亢、角、軫。
命宮（斗君位）：北斗五宮，姓氏筆劃得八數、二十數——乾坤星大吉。
皇天元神億數：七三七八〇數至八五六八〇數。
本命星宿（星宿入胎元靈氣）：翼、張、月。
命宮（斗君位）：北斗六宮，姓氏筆劃得八數、二十數——天罡星半吉半凶。
皇天元神億數：八五六八一數至九七五七九數。

本命星宿（星宿入胎元靈氣）：月、星、柳。

命宮（斗君位）：正南斗君，姓氏筆劃得八數、二十數——文昌星大吉。

皇天元神億數：九七五八〇數至一〇九四八〇數。

本命星宿（星宿入胎元靈氣）：鬼、井、參。

命宮（斗君位）：南斗八宮，姓氏筆劃得八數、二十數——元神星吉利。

皇天元神億數：一〇九四八一數至一二一三七九數。

本命星宿（星宿入胎元靈氣）：參、觜、畢。

命宮（斗君位）：南斗九宮，姓氏筆劃得八數、二十數——空亡星不吉。

皇天元神億數：一二一三八〇數至一三三二八〇數。

本命星宿（星宿入胎元靈氣）：昴、胃、婁。

命宮（斗君位）：南斗十宮，姓氏筆劃得八數、二十數——地煞星不吉。

皇天元神億數：一三三二八一數至一四五一七九數。
本命星宿（星宿入胎元靈氣）：胄、奎、壁。
命宮（斗君位）：南斗十一宮，姓氏筆劃得八數、二十數——福德星男吉女大吉。
皇天元神億數：一四五一八〇數至一四二八〇數。
本命星宿（星宿入胎元靈氣）：室、危、日。
命宮（斗君位）：南斗十二宮，姓氏筆劃得八數、二十數——財官星吉利。

姓氏筆劃九數、二十一數

柯、紀、姚、姜、侯、施、柳、段、柴、顧、饒……

皇天元神億數：一四二八一數至二六一七九數。

本命星宿（星宿入胎元靈氣）：日、虛、女。

命宮（斗君位）：正北斗君，姓氏筆劃得九數、二十一數——財官星吉利。

皇天元神億數：二六一八○數至三八○八○數。

本命星宿（星宿入胎元靈氣）：牛、斗、箕。

命宮（斗君位）：北斗二宮，姓氏筆劃得九數、二十一數——中分星不吉。

皇天元神億數：三八○八一數至四九九七九數。

本命星宿（星宿入胎元靈氣）：箕、尾、心。

命宮（斗君位）：北斗三宮，姓氏筆劃得九數、二十一數——主運星吉利。

皇天元神億數：四九九八〇數至六一八八〇數。
本命星宿（星宿入胎元靈氣）：房、氐、亢。
命宮（斗君位）：北斗四宮，姓氏筆劃得九數、二十一數——鬼神星不吉。

皇天元神億數：六一八八一數至七三七七九數。
本命星宿（星宿入胎元靈氣）：亢、角、軫。
命宮（斗君位）：北斗五宮，姓氏筆劃得九數、二十一數——齊光星大吉。

皇天元神億數：七三七八〇數至八五六八〇數。
本命星宿（星宿入胎元靈氣）：翼、張、月。
命宮（斗君位）：北斗六宮，姓氏筆劃得九數、二十一數——乾坤星大吉。

皇天元神億數：八五六八一數至九七五七九數。
本命星宿（星宿入胎元靈氣）：月、星、柳。
命宮（斗君位）：正南斗君，姓氏筆劃得九數、二十一數——天罡星半吉半凶。

皇天元神億數：九七五八〇數至一〇九四八〇數。
本命星宿（星宿入胎元靈氣）：鬼、井、參。
命宮（斗君位）：南斗八宮，姓氏筆劃得九數、二十一數——文昌星大吉。

皇天元神億數：一〇九四八一數至一二一三七九數。
本命星宿（星宿入胎元靈氣）：參、觜、畢。
命宮（斗君位）：南斗九宮，姓氏筆劃得九數、二十一數——元神星吉利。

皇天元神億數：一二一三八〇數至一三三二八〇數。
本命星宿（星宿入胎元靈氣）：昴、胃、婁。
命宮（斗君位）：南斗十宮，姓氏筆劃得九數、二十一數——空亡星不吉。

皇天元神億數：一三三二八一數至一四五一七九數。
本命星宿（星宿入胎元靈氣）：胃、奎、壁。

命宮（斗君位）：南斗十一宮，姓氏筆劃得九數、二十一數——地煞星不吉。

皇天元神億數：一四五一八〇數至一四二八〇數。

本命星宿（星宿入胎元靈氣）：室、危、日。

命宮（斗君位）：南斗十二宮，姓氏筆劃得九數、二十一數——福德星男吉女大吉。

姓氏筆劃十數、二十二數

翁、孫、袁、唐、高、秦、徐、淩、馬、祝、桂、席、洪、蘇、龔

……………

皇天元神億數：一四二八一數至二六一七九數。
本命星宿（星宿入胎元靈氣）：日、虛、女。
命宮（斗君位）：正北斗君，姓氏筆劃得十數、二十二數——福德星男吉女大吉。

皇天元神億數：二六一八〇數至三八〇八〇數。
本命星宿（星宿入胎元靈氣）：牛、斗、箕。
命宮（斗君位）：北斗二宮，姓氏筆劃得十數、二十二數——財官星吉利。

皇天元神億數：三八〇八一數至四九九七九數。
本命星宿（星宿入胎元靈氣）：箕、尾、心。

命宮（斗君位）：北斗三宮，姓氏筆劃得十數、二十二數——中分星不吉。
皇天元神億數：四九九八〇數至六一八八〇數。
本命星宿（星宿入胎元靈氣）：房、氐、亢。
命宮（斗君位）：北斗四宮，姓氏筆劃得十數、二十二數——主運星吉利。
皇天元神億數：六一八八一數至七三七七九數。
本命星宿（星宿入胎元靈氣）：亢、角、軫。
命宮（斗君位）：北斗五宮，姓氏筆劃得十數、二十二數——鬼神星不吉。
皇天元神億數：七三七八〇數至八五六八〇數。
本命星宿（星宿入胎元靈氣）：翼、張、月。
命宮（斗君位）：北斗六宮，姓氏筆劃得十數、二十二數——齊光星大吉。
皇天元神億數：八五六八一數至九七五七九數。

本命星宿（星宿入胎元靈氣）：月、星、柳。
命宮（斗君位）：正南斗君，姓氏筆劃得十數、二十二數——乾坤星大吉。

皇天元神億數：九七五八〇數至一〇九四八〇數。
本命星宿（星宿入胎元靈氣）：鬼、井、參。
命宮（斗君位）：南斗八宮，姓氏筆劃得十數、二十二數——天罡星半吉半凶。

皇天元神億數：一〇九四八一數至一二一三七九數。
本命星宿（星宿入胎元靈氣）：參、觜、畢。
命宮（斗君位）：南斗九宮，姓氏筆劃得十數、二十二數——文昌星大吉。

皇天元神億數：一二一三八〇數至一三三二八〇數。
本命星宿（星宿入胎元靈氣）：昴、胃、婁。
命宮（斗君位）：南斗十宮，姓氏筆劃得十數、二十二數——元神星吉利。

皇天元神億數：一三三二八一數至一四五一七九數。
本命星宿（星宿入胎元靈氣）：胃、奎、壁。
命宮（斗君位）：南斗十一宮，姓氏筆劃得十數、二十二數——空亡星不吉。
皇天元神億數：一四一五八〇數至一四二八〇數。
本命星宿（星宿入胎元靈氣）：室、危、日。
命宮（斗君位）：南斗十二宮，姓氏筆劃得十數、二十二數——地煞星不吉。

姓氏筆劃十一數

張、許、范、康、涂、寇、商、苗、崔、梅、麥、胡、曹、梁、章……

皇天元神億數：一四二八一數至二六一七九數。
本命星宿（星宿入胎元靈氣）：日、虛、女。
命宮（斗君位）：正北斗君，姓氏筆劃得十一數——地煞星不吉。

皇天元神億數：二六一八〇數至三八〇八〇數。
本命星宿（星宿入胎元靈氣）：牛、斗、箕。
命宮（斗君位）：北斗二宮，姓氏筆劃得十一數——福德星男吉女大吉。

皇天元神億數：三八〇八一數至四九九七九數。
本命星宿（星宿入胎元靈氣）：箕、尾、心。

命宮（斗君位）：北斗三宮，姓氏筆劃得十一數——財官星吉利。
皇天元神億數：四九九八〇數至六一八八〇數。
本命星宿（星宿入胎元靈氣）：房、氐、亢。
命宮（斗君位）：北斗四宮，姓氏筆劃得十一數——中分星不吉。
皇天元神億數：六一八八一數至七三七七九數。
本命星宿（星宿入胎元靈氣）：亢、角、軫。
命宮（斗君位）：北斗五宮，姓氏筆劃得十一數——主運星吉利。
皇天元神億數：七三七八〇數至八五六八〇數。
本命星宿（星宿入胎元靈氣）：翼、張、月。
命宮（斗君位）：北斗六宮，姓氏筆劃得十一數——鬼神星不吉。
皇天元神億數：八五六八一數至九七五七九數。

本命星宿（星宿入胎元靈氣）：月、星、柳。
命宮（斗君位）：正南斗君，姓氏筆劃得十一數——齊光大星大吉。

皇天元神億數：九七五八〇數至一〇九四八〇數。
本命星宿（星宿入胎元靈氣）：鬼、井、參。
命宮（斗君位）：南斗八宮，姓氏筆劃得十一數——乾坤星大吉。

皇天元神億數：一〇九四八一數至一二一三七九數。
本命星宿（星宿入胎元靈氣）：參、觜、畢。
命宮（斗君位）：南斗九宮，姓氏筆劃得十一數——天罡星半吉半凶。

皇天元神億數：一二一三八〇數至一三三二八〇數。
本命星宿（星宿入胎元靈氣）：昴、胃、婁。
命宮（斗君位）：南斗十宮，姓氏筆劃得十一數——文昌星大吉。

皇天元神億數：一三三二八一數至一四五一七九數。
本命星宿（星宿入胎元靈氣）：胄、奎、壁。
命宮（斗君位）：南斗十一宮，姓氏筆劃得十一數——元神星吉利。
皇天元神億數：一四五一八〇數至一四二八〇數。
本命星宿（星宿入胎元靈氣）：室、危、日。
命宮（斗君位）：南斗十二宮，姓氏筆劃得十一數——空亡星不吉。

姓氏筆劃十二數

黃、邱、彭、程、馮、辜、童、焦、賀、邵、曾、喬、費、項……

皇天元神億數：一四二八一數至二六一七九數。
本命星宿（星宿入胎元靈氣）：日、虛、女。
命宮（斗君位）：正北斗君，姓氏筆劃得十二數——空亡星不吉。

皇天元神億數：二六一八〇數至三八〇八〇數。
本命星宿（星宿入胎元靈氣）：牛、斗、箕。
命宮（斗君位）：北斗二宮，姓氏筆劃得十二數——地煞星不吉。

皇天元神億數：三八〇八一數至四九九七九數。
本命星宿（星宿入胎元靈氣）：箕、尾、心。
命宮（斗君位）：北斗三宮，姓氏筆劃得十二數——福德星男吉女大吉。

皇天元神億數：四九九八〇數至六一八八〇數。
本命星宿（星宿入胎元靈氣）：房、氐、亢。
命宮（斗君位）：北斗四宮，姓氏筆劃得十二數——財官星吉利。

皇天元神億數：六一八八一數至七三七七九數。
本命星宿（星宿入胎元靈氣）：亢、角、軫。
命宮（斗君位）：北斗五宮，姓氏筆劃得十二數——中分星不吉。

皇天元神億數：七三七八〇數至八五六八〇數。
本命星宿（星宿入胎元靈氣）：翼、張、月。
命宮（斗君位）：北斗六宮，姓氏筆劃得十二數——主運星吉利。

皇天元神億數：八五六八一數至九七五七九數。
本命星宿（星宿入胎元靈氣）：月、星、柳。

命宮（斗君位）：正南斗君，姓氏筆劃得十二數——鬼神星不吉。

皇天元神億數：九七五八〇數至一〇九四八〇數。

本命星宿（星宿入胎元靈氣）：鬼、井、參。

命宮（斗君位）：南斗八宮，姓氏筆劃得十二數——齊光星大吉。

皇天元神億數：一〇九四八一數至一二一三七九數。

本命星宿（星宿入胎元靈氣）：參、觜、畢。

命宮（斗君位）：南斗九宮，姓氏筆劃得十二數——乾坤星大吉。

皇天元神億數：一二一三八〇數至一三三二八〇數。

本命星宿（星宿入胎元靈氣）：昴、胃、婁。

命宮（斗君位）：南斗十宮，姓氏筆劃得十二數——天罡星半吉半凶。

皇天元神億數：一三三二八一數至一四五一七九數。

本命星宿（星宿入胎元靈氣）：胄、奎、壁。
命宮（斗君位）：南斗十一宮，姓氏筆劃得十二數——文昌星大吉。
皇天元神億數：一四五一八〇數至一四二八〇數。
本命星宿（星宿入胎元靈氣）：室、危、日。
命宮（斗君位）：南斗十二宮，姓氏筆劃得十二數——元神星吉利。

姓氏筆劃十三數

游、解、雷、楊、塗、湯、詹、莊、楚、莫……

皇天元神億數：一四二八一數至二六一七九數。
本命星宿（星宿入胎元靈氣）：日、虛、女。
命宮（斗君位）：正北斗君，姓氏筆劃得十三數——元神星吉利。

皇天元神億數：二六一八〇數至三八〇八〇數。
本命星宿（星宿入胎元靈氣）：牛、斗、箕。
命宮（斗君位）：北斗二宮，姓氏筆劃得十三數——空亡星不吉。

皇天元神億數：三八〇八一數至四九九七九數。
本命星宿（星宿入胎元靈氣）：箕、尾、心。
命宮（斗君位）：北斗三宮，姓氏筆劃得十三數——地煞星不吉。

皇天元神億數：四九九八〇數至六一八八〇數。
本命星宿（星宿入胎元靈氣）：房、氐、亢。
命宮（斗君位）：北斗四宮，姓氏筆劃得十三數——福德星男吉女大吉。

皇天元神億數：六一八八一數至七三七七九數。
本命星宿（星宿入胎元靈氣）：亢、角、軫。
命宮（斗君位）：北斗五宮，姓氏筆劃得十三數——財官星吉利。

皇天元神億數：七三七八〇數至八五六八〇數。
本命星宿（星宿入胎元靈氣）：翼、張、月。
命宮（斗君位）：北斗六宮，姓氏筆劃得十三數——中分星不吉。

皇天元神億數：八五六八一數至九七五七九數。
本命星宿（星宿入胎元靈氣）：月、星、柳。
命宮（斗君位）：正南斗君，姓氏筆劃得十三數——主運星吉利。

皇天元神億數：九七五八○數至一○九四八○數。
本命星宿（星宿入胎元靈氣）：鬼、井、參。
命宮（斗君位）：南斗八宮，姓氏筆劃得十三數──鬼神星不吉。

皇天元神億數：一○九四八一數至一二一三七九數。
本命星宿（星宿入胎元靈氣）：參、觜、畢。
命宮（斗君位）：南斗九宮，姓氏筆劃得十三數──齊光星大吉。

皇天元神億數：一二一三八○數至一三三二八○數。
本命星宿（星宿入胎元靈氣）：昴、胃、婁。
命宮（斗君位）：南斗十宮，姓氏筆劃得十三數──乾坤星大吉。

皇天元神億數：一三三二八一數至一四五一七九數。
本命星宿（星宿入胎元靈氣）：胄、奎、壁。

命宮（斗君位）：南斗十一宮，姓氏筆劃得十三數——天罡星半吉半凶。

皇天元神億數：一四五一八〇數至一四二八〇數。

本命星宿（星宿入胎元靈氣）：室、危、日。

命宮（斗君位）：南斗十二宮，姓氏筆劃得十三數——文昌星大吉。

先天命、姓名、運綜合篇

命是種籽、姓是根、名是枝葉

命是種籽來自先天，承襲祖宗的遺傳，以及父母的結晶。

姓是根來自祖先血緣相續，追思祖德承祠香火。

名是枝葉代表自己，名越旺意義著枝葉茂盛。名越衰意義著枝葉枯黃，枝葉茂盛富貴越多，枝葉枯黃行運坎坷。

「命——姓——名」一脈貫通，既使有「藕斷絲連」認養招贅易姓，移花接木、接枝寄生。或許有「絕處逢生」或「草木逢春」，也是喬太守亂點鴛鴦譜，或是婦女暗渡陳倉帶回新品種，這些事情必須當事人誠懇坦白配合，才能將「命——姓——名」做適當調理，否則影響人生命運，無形喪失冥冥之中應有的富貴幸福。

這世上有些人不珍惜「種籽」，任意播種在別人的良田中，生根、發芽、成長到枝葉茂盛，從此自己富貴消退，後代子女沒有一個長進，可知道這世上有多少私生子大富大貴，這種風流代價實在太高了。

沒有絕對貧賤命，惟有身心不全的可憐人。

沒有絕對不能改造的命，惟有太自認命的迷糊人。想命名或更名的人只知道拿著出生「年月日時」莫名其妙請人命名或更名，查不出先天四大命星，不知道自己先天命帶來的包袱是吉是凶，是富貴或是貧賤，又如何能從姓名中得到造命改運的功效，無知者只能用日本熊氏的那套筆劃吉凶數命名，難怪有這麼多人同名同姓，笑話層出不窮。

命是「種籽」，姓是「根」，名字是「枝葉」，如果想要把姓名取得完美就必須從《皇天元神億數十生命元靈學》這方面去瞭解，才能創造出美麗的人生，否則寧可隨便取個名字代表自己給別人稱呼，也許誤打誤撞會比較吉利。

《皇天元神億數十生命元靈學》不是蓋的，它據有億數之神算，可以推算每個人的元靈帶來多少靈感智慧，能創造多少人生富貴，又據有現代科學的知識，甚至遠遠超過科學發現，找到生命中的「生命四大元素」造命、解命，從命名或更名的數值中創造人生幸福富貴。

《皇天元神億數十生命元靈學》有足夠的功力替人類取出最好最完美的名字，不必跟市井一般「放馬後炮」，捧高官貴族賈商富豪的姓名做比喻，從富貴人的姓名中「藉花獻佛」，從困苦人的姓名中「打落水狗」，傲佔爲自己的學術精華，無形中幫日本熊氏助威反倒欺騙自己人，滅我中華民族五千年文化倫理，喪失學術尊嚴。

《皇天元神億數十生命元靈學》但願讀者有豐富的靈感智慧從學術理論做判斷，從父母子女及周邊親朋好友的姓名務實研究，坊間所用的姓名學筆劃數固定數吉凶有何可信度，相信讀者必定會給予《皇天元神億數十生命元靈學》一個公道肯定之評審。以下舉例命盤供讀者參考：

中華民國五術學會 理事長
玉書閣五術(山醫命卜相) 堂主
張朝閔 撰
電話：(02) 2768-5678
2767-2988

皇天元神億數姓名學幸運數字星盤(一)

乾坤造：陳、林、黃　　皇天元神億數：一四二八一——二六一七九

本命宿星：日、虛、女星　　動星：牛斗箕　星　　命宮：正北斗　宮

四天	文昌	先天命帶文學或專業手藝，口才流利能言善道富貴之星大吉。
大地	地煞	先天命帶宿疾，性格孤僻，常感心頭憂悶或小心眼有志難伸不利。
命開	主運	心急手腳快遲動腦，配合文昌星大吉，若無文昌頭腦少根筋。
星泰	元神	反應遲緩做事隱重，三思而後行，配合文昌星爲智謀者，配合主運星

周天行運：日虛女牛斗箕尾心房氐亢角軫翼張月星柳鬼井參觜畢昴胃婁奎壁室危

星			
元神	01 13 25	37 49 61	73 85 97
文昌	02 14 26	38 50 62	74 86 98
天罡	03 15 27	39 51 63	75 87 99
乾坤	04 16 28	40 52 64	76 88 00
齊光	05 17 29	41 53 65	77 89 01
鬼神	06 18 30	42 54 66	78 90 02
主運	07 19 31	43 55 67	79 91 03
中分	08 20 32	44 56 68	80 92 04
財官	09 21 33	45 57 69	81 93 05
福德	10 22 34	46 58 70	82 94 06
地煞	11 23 35	47 59 71	83 95 07
空亡	12 24 36	48 60 72	84 96 08

《皇天元神億數論命發揮生命最大潛能開創富貴》

姓氏十六劃：陳〇〇先天得乾坤星，祖宗遺傳之元靈氣大吉，蔭兒孫發富貴命。

姓氏　八劃：林〇〇先天得中分星，祖德遺傳之元靈氣不吉，宜過繼，認養或制化。

姓氏十二劃：黃〇〇先天得空亡星，因靈子氣末段處於靈眠中，靈感智慧不足幼年學業功課不理想，長大事業工作不如意，宜制化或求「道家仙方沐浴療法」。

天賜富貴之數

陳	16		
		25	
〇	9		
		25	
〇	16		
	41		

十六劃乾坤星：性情溫和，平易近人善於交際，從人際上發富貴。

二十五劃元神星：先天四大命星帶文昌星、主運星，智勇雙全文武職業皆能發富貴，自創業最佳。

四十一劃齊光星：貴人互動最尊貴之帥星，並有制化地煞星之功能，以文昌星為文星主運為武星，文武相隨富貴之命。

九劃財官星：姓名筆劃數中或先天四大命星中無齊光星或文昌星、乾坤星，則財官星不能任財任官，有以上之吉星配合則大吉。

《陽宅子光氣是生命的泉源是富貴與幸福的基石》

《皇天元神億數論命發揮生命最大潛能開創富貴》

血光災禍之數

陳 16
22
○ 6
17
○ 11

33

六劃鬼神星：大凶先天命格破壞無遺，雖有十七劃之齊光星相助人生後半運，但命格帶地煞星起落無常助力不大。

十一劃地煞星：大凶，助長先天命格「四大命星」之地煞星，凶再加凶，老運孤苦多病。

二十二劃福德星：男命在此命格無濟於事，女命吉中逢凶受鬼神星所累。

三十三劃財官星：因六劃鬼神星，十一劃地煞星出現，財官吉星反爲禍害，能力不足必遭牢獄之災。

《皇天元神億數論命發揮生命最大潛能開創富貴》

文貴之數

林 8
○ 5
○ 9

8+5=13，5+9=14，總數 22

八劃中分星：心神不定做事三心二意，念書功課不用功，做事難成，婚姻不美滿，姓氏筆劃不能改，本命只宜制化。

十三劃元神星：配合齊光星大吉，無吉星靈感智慧反應遲鈍。

五劃齊光星：先天四大命星有文昌星大吉，可制化地煞星、齊光為貴人互動，自創業之才，可得榮華富貴。

十四劃文昌星：先天四大命星有文昌星，姓名得文昌，根葉皆旺盛，大吉大利。

九劃財官星：先天四大命星有文昌星及主運星，姓名有齊光星、財官星可任財任官。

《陽宅子光氣是生命的泉源是富貴與幸福的基石》

桃花破敗之數

林 8
○ 11
○ 12

19
23

31

十一劃地煞星：配合先天四大命星之地煞星凶中帶凶破壞命格。

十二劃空亡星：配合姓氏八劃中分星，中分見空亡謂淫亂桃花，離祖背宗破財敗家，有錢包二奶，床頭金盡欲哭無淚，無後或流浪，難挽厄運。

二十三劃地煞星：姓名加先天命星共有三個地煞星，因桃花帶宿疾之破敗厄運，或因生育能力喪失、殘缺等不育症。

十九劃主運星：受中分星破壞，但活力充沛，做事成少敗多。

行善富貴數

黃 12 ＼ 19
○ 7 ＜
○ 10 ／ 17

29

十二劃空亡星：靈感智慧未能創造本命高峰，爲人憨厚，性格耿直，學業事業不如意，是因靈子氣處於靈眠中。若有「齊光星」制化則爲帳下雄兵，大吉。

七劃、十九劃主運星：配四大命星之文昌星及主運星大吉，文職武職兼備，若無文昌星必定頭腦少根筋。

十七劃、二十九劃齊光星：配文昌星、主運星，謂帥有文謀武略之良才扶佐，成大事立大業之格。

十劃福德星：爲人善良，天賜之福，男命有吉星則吉，女命逢之大吉。

《皇天元神億數論命發揮生命最大潛能開創富貴》

牢獄血光之數

黃	12	
		24
○	12	
		18
○	6	
	30	

姓氏十二劃、名十二劃、合二十四劃，皆在空亡星，此命名完全破壞先天四大命星，最爛的命名筆劃數。

六劃、三十劃鬼神星∴憨厚被人唆使利用，替人頂罪的冤大頭，或牢獄血光之災。

先天四大命星中有三吉星算是中上之命格，可惜命名或更名之筆劃數皆在空亡星及鬼神星，拖累整個命盤結構，雖有吉命卻無吉運，災禍連連一生坎坷。

玉書閣五術(山醫命卜相)堂主
中華民國五術學會理事長
張朝閔 撰
電話：(02) 2768-5678
2767-2988

皇天元神億數姓名學幸運數字星盤(二)

乾坤造：王、李、蔡　皇天元神億數：二六一八〇——三八〇八〇

本命宿星：牛、斗、箕星　動星：尾、心、房星　命宮：北斗二宮

四天	乾坤	乾坤星靈感智慧豐富，人緣佳，能和氣生財貴，斡旋能力很強。
大地	主運	主運星做事勤快能吃苦耐勞，有乾坤星的靈感智慧配合成功率極高。
命開	財官	財官星有乾坤星及主運星配合能任財任官，發富貴之中等命格。
星泰	空亡	空亡星頭腦不精靈，爲人憨厚折損財官星之富貴，宜制化。

周天行運：日虛女牛斗箕尾心房氐亢角軫翼張月星柳鬼井參觜畢昴胃婁奎壁室危

星			
空亡	01 13 25	37 49 61	73 85 97
元神	02 14 26	38 50 62	74 86 98
文昌	03 15 27	39 51 63	75 87 99
天罡	04 16 28	40 52 64	76 88 00
乾坤	05 17 29	41 53 65	77 89 01
齊光	06 18 30	42 54 66	78 90 02
鬼神	07 19 31	43 55 67	79 91 03
主運	08 20 32	44 56 68	80 92 04
中分	09 21 33	45 57 69	81 93 05
財官	10 22 34	46 58 70	82 94 06
福德	11 23 35	47 59 71	83 95 07
地煞	12 24 36	48 60 72	84 96 08

《皇天元神億數論命發揮生命最大潛能開創富貴》

姓氏四劃：王○○先天得數天罡星，父母受孕時雙方的「因靈子氣」發生異變，或因祖傳「因靈子氣」帶有剛強暴躁性格，此命人少年叛逆性特強。

姓氏七劃：李○○先天得數鬼神星，大部分是祖德因果循環，不仁不義或有傷人以及奪財等事，或有流產夭折未做妥善處理而受影響，先天四大命星有齊光星另當別論，有特吉星亦可解。

姓氏十七劃：蔡○○先天得數乾坤星，祖德種好因，子孫得福報，遺傳之元靈吉氣福蔭後代子孫發富貴之命。

文武雙貴數

王 4
○ 6
○ 17

4 + 6 → 10
6 + 17 → 23

27

四劃天罡星：有正義感，性情剛直暴躁，少年叛逆，姓氏筆劃數不能改，只宜制化。

六劃齊光星：最爲尊貴之氣，領導能力強，先天四大命星中有乾坤星、主運星爲輔，成大事立大業。

十劃財官星：先天四大命星有乾坤星加上名字六劃齊光星，則財官能任財任官大吉。

二十三劃福德星：行善溫柔，可使天罡星暴躁之氣剛柔並濟。

十七劃乾坤星：會合先天四大命星吉上加吉。

二十七劃文昌星：以齊光星爲帥、文昌星爲參謀軍師輔助之功能。

《陽宅子光氣是生命的泉源是富貴與幸福的基石》

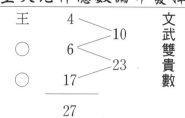

《皇天元神億數論命發揮生命最大潛能開創富貴》

身心傷殘數

王	4	
		17
○	13	
		25
○	12	
	29	

四劃天罡星，十三劃、二十五劃空亡星，十二劃地煞星，姓名筆劃全得凶數，加重空亡之氣沖破乾坤星喪失靈感智慧不利。

十二劃地煞星：體弱多病，致使財官星無力任財任官，此三星破壞全局，損傷本命先天之氣，不但不能補運，而且使後天運乖離。

十七劃、二十九劃乾坤星：在此格局完全不能發揮所能。

《陽宅子光氣是生命的泉源是富貴與幸福的基石》

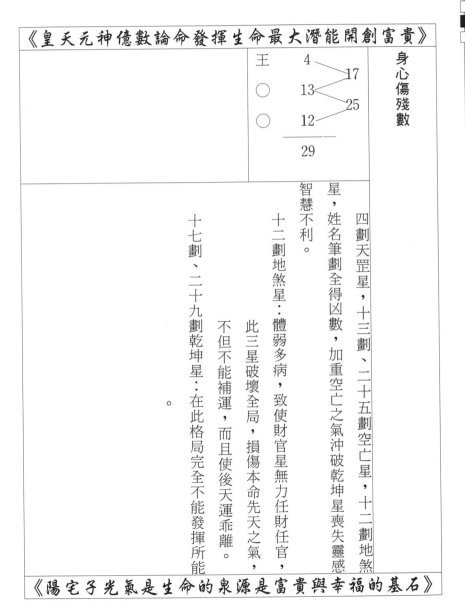

《皇天元神億數論命發揮生命最大潛能開創富貴》

經商發財數

李	7
○	8
○	14

7＋8＝15；8＋14＝22；總數 29

七劃鬼神星：爲人奸詐不務正業，靈感智慧強，但喜鑽牛角尖之心態容易犯血光災禍，女人流產難免。姓數宜制化。

八劃主運星：二十九劃乾坤星，與先天四大命星相同可以強化先天命格增強福力。

十四劃元神星：凡事三思而後行，不魯莽，可以牽制財官星不致見財起邪念而生禍。

十五劃文昌星：先天四大命星不見文昌星故命名取文昌星之筆劃數可以導正思想，幫助學業進步，有正面效果。

二十二劃財官星：雖輔助財官之氣不大，但個性不致於受空亡星影響而搖擺不定。

《陽宅子光氣是生命的泉源是富貴與幸福的基石》

《皇天元神億數論命發揮生命最大潛能開創富貴》

淫亂桃花數

李	7
	16
○	9
	22
○	13
	29

姓氏七劃鬼神星，名字九劃中分星以及十三劃空亡星，姓與名三字數值皆不吉利，破壞先天四大命星，原來先天命格並不很差，如此命名數值暗藏淫亂桃花使得行運更為不吉利。

雖然在合數中之十六劃天罡星帶有正義之氣，但無齊光星不能發揮，反倒是暴躁之氣逢鬼神星如同火上加油，二十二劃之財官星不能任官反為貪財的小人。

二十九劃之乾坤星性格雖能溫和，亦難化解淫亂桃花反而容易吸引異性。

《陽宅子光氣是生命的泉源是富貴與幸福的基石》

《皇天元神億數論命發揮生命最大潛能開創富貴》

和氣生財數

蔡　17
　　　　27
○　10
　　　　18
○　8

　　35

十七劃乾坤星：與四大命星合，增加福力，爲人處事更爲圓滿，和氣生財，朋友越多越有助力，可以從交際中發富貴。

十八劃齊光星：爲元神十二星之首最爲尊貴，有領導之才華，富貴之吉星。

十劃財官星：財官星有齊光星照耀可以任財任官，又逢二十七劃之文昌星，以及八劃之主運星，允文允武，此格局大吉。

總數三十五劃福德星：是一個中年發富貴，晚年行善濟世，福祿壽全之善人。

《皇天元神億數論命發揮生命最大潛能開創富貴》

血光宿疾數

蔡	17	
		24
○	7	
		19
○	12	
	36	

蔡姓十七劃得數乾坤星雖吉，但因命名取七劃、十九劃鬼神星，十二劃、三十六劃爲地煞星大凶，不務正業好吃好玩樂，而且慣動歪腦筋，喜鑽牛角尖，少年多病，中年帶血光災禍。

二十四劃及三十六劃皆爲地煞星心情不安寧，常感心有大石壓胸，做事不順利，久而久之性情孤僻，老運窮困，一生難有成就。

本先天命爲中等命格，逢蔡姓可謂吉上加吉，但因命名之筆劃數皆入凶星，破壞全局，命好又有何益，姓得吉星亦難相助。

《陽宅子光氣是生命的泉源是富貴與幸福的基石》

電話：(02) 2768-5678 2767-2988
張朝閱 撰
玉書閣五術(山醫命卜相)堂主
中華民國五術學會理事長

皇天元神億數姓名學幸運數字星盤(三)

乾坤造：吳、周 皇天元神億數：三八〇八一——四九九七九

本命宿星：箕、尾、心星 動星：房、氐、亢星 命宮：北斗三 宮

四大命星	天地開泰	
四天	空亡	先天四大命星裡，空亡星遇齊光星謂小兵遇帥，但無將星出現，雖然
大地	元神	星有制化，齊光星沒有將星扶助等於沒有得力助手富貴有限。
命開	齊光	元神星、福德星居於齊光星左右如同庸才，齊光帥星欠缺文才武略之
星泰	福德	惟有從姓名筆劃數或陽宅方位求文昌星、主運星、天罡星扶補。

周天行運：日虛女牛斗箕尾心房氐亢角軫翼張月星柳鬼井參觜畢昂胃婁奎壁室危

星			
地煞	01 13 25	37 49 61	73 85 97
空亡	02 14 26	38 50 62	74 86 98
元神	03 15 27	39 51 63	75 87 99
文昌	04 16 28	40 52 64	76 88 00
天罡	05 17 29	41 53 65	77 89 01
乾坤	06 18 30	42 54 66	78 90 02
齊光	07 19 31	43 55 67	79 91 03
鬼神	08 20 32	44 56 68	80 92 04
主運	09 21 33	45 57 69	81 93 05
中分	10 22 34	46 58 70	82 94 06
財官	11 23 35	47 59 71	83 95 07
福德	12 24 36	48 60 72	84 96 08

《皇天元神億數論命發揮生命最大潛能開創富貴》

姓氏七劃：吳○○命宮居北斗三宮，元靈投胎進入齊光星，姓氏七劃亦得齊光星，意義匪淺，或因祖上有大德，或行大善得天之賜，祖宗造陰德福報子孫之吉數。

姓氏八劃：周○○命宮居北斗三宮，元靈投胎進入鬼神星，姓氏八劃得鬼神星，祖宗子孫因果循環無福蔭，禍延子孫或敗家，逢本命先天四大命星有齊光星出現則有制化，四大命星有特吉之星出現可解之。

弱勢轉強數

吳	7	
		12
○	5	
		21
○	16	
	28	

七劃姓氏得天獨厚，先天四大命星亦出現齊光星乃富貴之命，可惜先天四大命星不見文才武略之星，難成大富大貴之格，命名或更名需要有強勢之星扶強本命，故此命不忌天罡星之剛氣，取天罡星之五劃數最適宜。

十六劃、二十八劃皆爲文昌星，又有五劃天罡星，則命中之齊光星暗得文才武略相助，此命格從溫和之命格轉爲強勢之命格，必可成大事立大業，女命亦可成爲女中強人，從商從政皆宜。

二十一劃主運星亦爲武將之才，更能相助本命創業發富貴前程不可限量。如此命名或更名則武有主運、天罡，文有文昌皆大吉。

其中十二劃之福德星在此格中雖無多大作爲，但可望心存善意熱愛家庭孝順父母，發富貴長綿。

《陽宅子光氣是生命的泉源是富貴與幸福的基石》

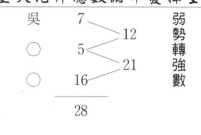

中年破敗數

吳	7	
		15
○	8	
		17
○	9	
	24	

姓氏七劃有齊光星天賜之福，但因命名或更名取八劃鬼神星數難免中年破敗而後發富貴但難守成，晚運平平尚可享福。

九劃主運星：位於名字後字，可斷此命格命名或更名之筆劃數半吉半凶，必須發財之後於中年有一段破敗運，或中年分得家產而後敗家，之後靠主運星勤勞耕犁晚運才能辛勞得福。

十七劃天罡星：不發少年人，中年後有意外橫財之徵兆，但不易守成，二十四劃福德星主晚年享清福。

《皇天元神億數論命發揮生命最大潛能開創富貴》

強勢發富貴數

周	8	
		15
○	7	
		23
○	16	
	31	

姓氏八劃得鬼神星，必須要有齊光星來制衡，所以本命格要有強勢齊光星來制化鬼神星轉爲將星爲我所用。

七劃齊光星，三十一劃亦爲齊光星，與本命先天四大命星會合，其齊光星氣勢必強。

二十三劃財官星：在此格局中並不很強勢，惟有靠鬼神的力量才能達到任財任官的目的，故此命格以此姓名筆劃行運波折很大，頭腦聰明靈活，有鑽牛角尖發財富之趨向，最好能節制，否則野心太大折福必有損。

※此命格之齊光星靠鬼神星發財富最好宜行善多積德，否則恐有意外之災。

《陽宅子光氣是生命的泉源是富貴與幸福的基石》

《皇天元神億數論命發揮生命最大潛能開創富貴》

風流之數

周　8
　　　18（8＋10）
○　10
　　　24（10＋14）
○　14

32

先天命中上格，但因姓筆劃不吉，名筆劃亦不吉，破壞先天命格之四大命星。

十劃中分星：爲破碎之星，事業不安定，投資必破財，中年破祖產，家庭不美滿、離婚，與子女分散。

十四劃空亡星：會合十劃中分星，一生有異性緣，終生帶桃花，不重視事業前途，寧爲異性奔波。

三十二劃鬼神星：加入桃花格女性易墮胎流產，男性易犯強暴或強姦，惟此命格先天四大命星有齊光星拱照，即使強暴或強姦得手亦未必有官司牢獄之災，反而被強暴或強姦者事後亦可順從之，但缺德必有報應。

《陽宅子光氣是生命的泉源是富貴與幸福的基石》

玉書閣五術(山醫命卜相)堂主
中華民國五術學會理事長
張朝閔 撰
電話：(02) 2768-5678
2767-2988

皇天元神億數姓名學幸運數字星盤(四)

乾坤造：楊、謝　皇天元神億數：四九九八〇——六一八八〇

本命宿星：房、氐、亢星　動星：亢、角、軫星　命宮：北斗四宮

四天	主運	先天四大命星之主命星居於財官星，可惜左右隨從地煞星、空亡星，皆大
大地	空亡	不利，財官空有其美名但不能任財任官，反而得不到財、任不了官，心存
命開	財官	詭計起貪念，致使命運大爲乖離甚至一生命運波折坎坷。
星泰	地煞	本命格有主運星無智慧星，頭腦缺少一根筋，不能發揮靈感智慧之潛力。
周天行運		日虛女牛斗箕尾心房氐亢角軫翼張月星柳鬼井參觜畢昂胃婁奎壁室危

星			
福德	01 13 25	37 49 61	73 85 97
地煞	02 14 26	38 50 62	74 86 98
空亡	03 15 27	39 51 63	75 87 99
元神	04 16 28	40 52 64	76 88 00
文昌	05 17 29	41 53 65	77 89 01
天罡	06 18 30	42 54 66	78 90 02
乾坤	07 19 31	43 55 67	79 91 03
齊光	08 20 32	44 56 68	80 92 04
鬼神	09 21 33	45 57 69	81 93 05
主運	10 22 34	46 58 70	82 94 06
中分	11 23 35	47 59 71	83 95 07
財官	12 24 36	48 60 72	84 96 08

《皇天元神億數論命發揮生命最大潛能開創富貴》

姓氏十三劃：楊○○先天得福德星，雖有天賜之福，但因本命平凡庸俗難成大事，若能任勞任怨青少年奔波晚運可享清福，若是因爲命中之財官星動用地煞合成一氣，必定不安分守己，或在群衆中與人競爭不服輸的心態很快就會身帶宿疾而潦倒，若被煽動走政治必定落選或身敗名裂。祖宗以福德星庇佑只希望子孫安分守己，行善積德留給下一代發富貴。

姓氏十七劃：謝○○先天姓氏落入文昌星，祖宗在冥冥之中庇佑子孫，雖然本命先天帶來之四大命星平俗，但姓氏得文昌星暗中會合四大命星之財官星，使財官有能力發揮力量，啓發靈感智慧任財任官，堪稱得祖上庇佑而轉吉。先天姓氏落入文昌星，又會合先天四大命星之空亡星，雖然能任財任官，難免命中帶來次桃花，但不嚴重，也許男性中年期有納妾或金屋藏嬌之可能，女性因文昌星會合空亡星恐有外遇之煩。

補充說明：本命格綜合先天四大命星太過平俗，不能在命或運有所作爲，命名或更名不須取先天四大命星做參考，只要在命名或更名取得最佳星象筆劃數即可改變後天行運，使得先天四大命星之財官星發揮功能便是命名或更名首要之條件。

《皇天元神億數論命發揮生命最大潛能開創富貴》

偷天換日數

楊 13
20
○ 7
19
○ 12

32

二十劃及三十二劃兩個齊光星爲帥，四大命星之主運星爲將，空亡星爲卒，齊光星有將又有兵卒，就可以使財官星發揮最高功力任財任官發富發貴。

七劃及十九劃兩個乾坤星即可制化地煞星，使本命不致發生凶禍。

十二劃財官星亦可以扶助本命四大命星之財官星，增加財官星之能量，可謂命名或更名有「偷天換日」之功效。

《陽宅子光氣是生命的泉源是富貴與幸福的基石》

《皇天元神億數論命發揮生命最大潛能開創富貴》

少年命好中年後大破敗之數

楊	13
	22
○	9
	23
○	14
	36

十三劃福德星：祖上有德，或有遺產承傳給子孫，但因命名或更名不當，可能很快將祖產耗盡，後半生窮困潦倒，財破家散。

九劃鬼神星：會合四大命星之主運星及財官星，本性勤勞奔波，但因靈感智慧不用在正途徒勞而無獲，又因財官星貪得無饜，官司牢獄災禍連連。

十四劃地煞星：會本命先天四大命星之地煞星，明暗交加其凶禍加速，中年後疾病纏身。

二十三劃中分星：配合九劃鬼神星及十四劃地煞星，中年則因桃色糾紛造成血光或破財。

三十六劃財官星及二十二劃主運星受衆凶星所困有志難伸，不能爲命所用行運坎坷。

《陽宅子光氣是生命的泉源是富貴與幸福的基石》

文才武略之數

謝	17	
		25
○	8	
		24
○	16	
	41	

十七劃文昌星：祖德有暗助之象，但未能由暗轉明，若在名字上取得四十一劃文昌星便可由暗轉明其功效大增。

八劃齊光星：爲主要關鍵，齊光星最須有文才及武略之星象出現，本命四大命星有主運星以及命名有文昌星，則文武才能兼備之格局成立，其餘之二十五劃福德星、二十四劃之財官星及十六劃之元神星在此格中成爲副星，並無重要地位。

故此命格先天四大命星並非上格，但因命名或更名得當而使命運轉強富貴可得。

無福享受數

謝 17
○ 14
○ 15

31
29

46

十七劃姓氏得文昌星，祖上有高尚德蔭，但因十四劃地煞星及十五劃空亡星出現可謂祖上有福蔭，但是子孫無福享受。

十四劃地煞星：會合主運星因憂悶操勞而得病。

十五劃空亡星：會合二十九劃文昌星潛藏桃花而破財。

三十一劃乾坤星：過於軟弱，在此命格命名或更名皆不能施展力量，致使本命無助。本命先天條件不足，命名或更名不利，全靠祖宗姓氏得福與命格無補，中年前祖產破財，中年後靠四十六劃之主運星發展只能勞苦度日。

本命之先天四大命星氣勢不足，而後命名或更名又增加地煞星與空亡星，此兩凶星恰好與先天四大命星重疊，以致地煞星與空亡星的力量增強使後天行運乖離。

《皇天元神億數論命發揮生命最大潛能開創富貴》

★其他姓氏依《皇天元神億數十生命元靈學》個人先天命之命宮斗君數推算，然後再查照元神十二星宮所得之數字，即知命名或更名之筆劃數落在何星宮，便知筆劃數之吉凶。

★《皇天元神億數十生命元靈學》命名或更名是依據個人之先天命，產生先天四大命星作為命名更名數值之依據，絕對配合個人之命與運，不像坊間之姓名學取固定筆劃數之吉凶論命，任何人的命都相同論法，以致同姓同名的人一大堆混淆不清。

★命盤中之先天四大命星吉凶攸關命名或更名，取吉星之數命名或更名可以制化凶星，取強勢星之數命名或更名可以扶助弱勢星，但須以先天四大命星加以審察，找出最需要的星數作為命名或更名之主要筆劃數，如此才能取得好的名字。

★如命格四大命星有帥無將不妨可以考慮「天罡星」之數。若四大命星有乾坤星配雙福德星之命格雖吉，但性情軟弱，容易吃虧，亦可以選擇「天罡星」之數以增強剛強果斷之氣，對於為人處事下決策有莫大幫助。

《陽宅子光氣是生命的泉源是富貴與幸福的基石》

姓名筆劃常用字

一劃

一乙……

二劃

二了人入丁又刀力乃几匕……

三劃

三川口山巾上下大小工寸丈女子刃于己巳千万士土凡丸亡也乞亍夕……

四劃

四木水火日月曰午牛太犬父不中斗丑壬文支公分今化孔仇仍心仃丹以之少尹尤予元云幻引弔互戶井亢允夫天反斤片戈介勿勻勾匹氏爪欠友及升毛气切比止手

牙尺卞仁方巴屯旡內扎……

五劃

五甲丙正北冬白卯申尻仙他弘本孕宁戊
付必禾未末仔宄出弗代永扎瓜帄叮仗瓦
甘玉兄生夗占用疋右包田由旦可句皮矛
石古矢打司示刊史只幼奴台召奶斥外央
氐令功巧尼民巨目且皿丘世册丕左布市
印玄立穴半平它……

六劃

六伎任企仲伊价伍伉休仰舌臣血肉臼匠
匡曲同回因而考老交丞亙至自如妃竹安
存寺宇宅羽份羊仿竹牟百米糸弛此牝次
机求汀朱灰朵奸汵地吏夙多在好伏兆全
兇共先再光沖西虫色衣行舟艮圳旭旨有
旬耳亥名向后吐式打早庄戌屹年收戎帆

妁圭合吉劣刑列各劦印……

七劃

七伶伺佚伸住位佐佑作估低伯伴佃佛伃
体伽攸忖坊坑圻坍均玎妨妏妗妊妗妙妓
村材杉杜杞杖杆冶冷汗池汝汐汎初劫別
利判吟吾君告局吳吹吝含呈足听呂克兌
杏串呆豆邑谷言延弄弟形廷序希岐岑巫
役志忘志我戒托成更早改攻酉身巡車辰
亦角具見良努兵宏尾完宋壯孝究禿甫步
每男秀私灸町束李些免余里亨坐……

八劃

八況汾沙沄沃汪沖汲淺沛決洌沇沈汰沅
佼佳佺侑依侃供佶侍佽侈佺佻佩使例但
刻刹刺制到板杻林杷杯枚杭松杭枝杵性
忻快扶技折坪坱坦坰昕圻坡坻坤炎炓炘

炊函岸典卦固叔其卓周味季命受卷取兩
卒兔兒協效庚岱幸孟妹帑岡宙孤定岳帛
和宕尚帖居姑官店知岩奉京妻妾宗奇昫
奈夜果旻始昏明旺昆斧放昌服朋昇於所
易昔昜宓房忽祖徂底彼忠政承念往宜府
或弦舍虎穹祀艿采金糾的物牧直肌長肋
空狃玖社狄版欣東武亞妽雨兩阜垂妗姎
青並乳事享劼來……

九劃

九冒冠侯俄促便俛俗侵侶保係俊俚俠俐
俋信待律徇削前則剋俞姮姻姣娀妍姞姨
姬姿姜勇哄型柳相柄枰柊柿枸柚柑柘柏
柵柱柊枴柔查染柴架注波泫治河泡沼油
況泊昭昨昧拇是宥皆皇炤宦袒施拔思抱
映春赴玫甚盈盃畏玟炳星昱怕性炯怜拜

咼泗狗界盆勉勃玠狗故招怡怠拓矩姚玩
衍貞訂軍衎芎帥炫段急炭肘芍表首酋要
芃肚美法泉泳沿泰紅垣垠耐致芊計虹芋
耶紈穿韋砂突紂肝肖約竿祈看砥罕科省
秋眉眇奕風娀飛酊門食香面革音羿亭亮
迴建峙彥巷客帝後幽室威宜度咸奎奏哉
南勁厚契品屋……

十劃

十倉倅倭倫倓倆值俶倕借倶倜俳倥倒倚
修候倖乘倩倨倌倍倣俴倀倢倬們俵俯倘
俸徐倪拮拾指挍括挎拱拷按拶拽持挑挂
拭恬恆恪恔恰恢恂恍格桃桂校格桎栓桐
株根栩桔桓泯津洞洌洗洲活洋洽派洒洹
洱酒洪洛流流芫芬芷芝芡芙芥花芩芽芨
芳芹芸娟娥娜娛娉娣娓粉紡紋紉料紟紝

納級紗紜紙紓純紐祕神祕祐祇峴峽峪峴

峻峰峨祜祓祖祚祝祠祏埏城埂埋肱肪朕

肢肮肺肸肭肥航般舫袂衽秩衲衿珂玲珊

玳珈笏笑笈笊家案宮宰宸窈窊窋容宴崇

索軒釗針釘討託訓剖恕息恣恝恝租秤秧

烘烜烈烝耘耕耗臬臭耿耽圃射孫原員拿

哥拳夏唐兼挈徒師席恩恭庫座徑庭差殉

殷殊晃砲栽朔皎料庭時矩砠畝晉旅旁旃

書珍砥砧益眞破眠畜珀畔烏特狩育肴股

肩缺翁肯者素耄袁站記蚌衷貢財衾虔蚊

迅晌挐隼馬效敉骨豹起高晏鬼閃酌配隻

剛哲扇展氣栗桑泰……

十一劃

停健偵偪偟乾偉偈偏偓偲偕偊側偶寂姘

寇密婦堇埋寅尉專寄壺埤區國埜埼婚宿

那 胡 苹 眺 娍 涕 狼 豨 晥 梁 崇 從 旌 堂 婆
胃 胎 袍 皎 笞 涔 爽 犀 畫 梱 毫 悍 敕 問 域
婉 胤 規 眸 粘 紵 浮 焄 條 欷 梩 振 敎 卿 基
弸 英 許 笥 紫 累 浸 悾 曼 梮 毬 悅 悠 副 唯
將 苴 袓 窕 紹 紡 涓 率 晨 梅 海 得 徘 勘 動
彗 茆 苟 研 終 紩 浚 珩 晦 梓 梨 庶 強 參 啓
彩 舷 若 盒 粔 紬 涉 畦 晞 朗 梔 巢 徠 勖 堅
崑 肪 船 盛 笠 絃 浪 瓶 晢 晟 桶 彬 悉 斌 堆
魚 邦 胞 祭 竟 粒 浴 珠 晚 晤 欲 御 挽 救 執
閉 習 范 眼 祥 紳 牽 狹 產 梟 涴 常 敏 斜 培
鳥 翊 苗 被 眷 組 烺 焉 畢 望 浙 康 挪 斛 堀
崎 邢 茇 術 移 罠 浦 浤 班 梢 欸 徙 戚 敘 啇
彪 背 袖 袋 符 差 涇 消 狸 梃 梳 庸 悟 挺 務
彫 舶 處 袈 紺 絅 浩 浬 珙 梯 梵 帶 張 悌 凰
鹿 聊 茂 衒 粗 細 涂 烽 略 梗 械 崩 帷 捕 剩
雀 邠 苑 苦 笙 粕 浥 狷 時 族 曹 帳 崙 敗 區
近 郝 胖 茅 秸 第 涀 珪 珮 晡 梧 崧 庵 旋 唱

貨迎雪麥崔痲頃迓貫設訪貴野頂釣販訟

衆……

十二劃

捥惇捧据惠循徨惟捲捷幫帽嵌幃弼悲扉

情復幅嵋奠堡尊嵇幄彭幀嵊嵒報圍堪富

巽嵐寓堯場尋堤棋朝棐棖期普晴晶棒棹

棉曾景敝掬敦晰最替智斐授採掏捨敞斑

晾斯敢探掎掌掀掍接散掩掔排掟掛掘淡

混淀淮淶涼涯淅淴淝淪森淘液殼欽涪淵

淙添清涵涬款棱棟棧斯涮淳森殖棻椒椅

椇棘殺棗植植椎棠棚疏異登斑畬發皓晙

現琅犁琉甥皖畫理牋然牌猜球番琁猗猛

焮沙淨焙焦掌琇犉焯無淦深焰爲焱淺焜

絮絇翔羠給粵筇粥絨羢翕絲粧筈策童答

筏結統絜粟筒竦稌硯稍筋筍粢等筐窖稀

盛睎稂窗筆竣稅短硬程硝貂詔賀買証覃
視評貯貴詞觚衕茸茘茯街註象診給蛙茴
茺胴荐茶蛤裁萕荇萸舒胸協舜茗茵茜草
脤能荒脊雯雰雄雱雅防閒阮集軔順雇阬
閑邴量郯間阪雲雁閔鈞邸迪越迦邵鈔閏
開邱迫超貼貢軫逑郃邯軸買貸辜貺詒媛
黍喬黑茹善剩傑勝單婷茱喻勞備須項傳
博喨喜凱馮馭剴黃……

十三劃

剸催勤籌傳勦傭勢募僅敬提斟新揄揆愚
揖揉暄暇描揚幅廉彙意揮換援煌微嵩塊
園奧幹愛愉感廈媼圓鄒勣塗嫄廊寖塙匯
塍嗣煉渚煖煥湊測渺渭煙照煤輝港渡溢
湧湖渥渙湟游減湑湛湲楚湣湯渾渝湃湘
湜楔榆楊歆湫湢湩歲椰楓殿楠祺裸綻碑

睚祿禁碏睡琖琦當督碓禽碗罣畤琥琮琵
琪琤盟矮哲深琨琢煜琲琫琚琭琰琴煒爺
琳琯琶猷猶莒舅荻蒞荷腳聖脛荳莫莨莖
脣聘綈肄脩莞脫肆義粲竫稟堅粳群肅羨
絹筠稠稔稑筥經筮窟稛稚窣稜鉛鈴迺送
鉅鈺郃跳詳鼓詹路郁鉦酪載詵鼠詣試裝
雍賂迷資酣詮解蛸莓蜀詠話該詩鼎裕莊
號補詢虞裡莠楨楣楹楢楸暖暗暈楷楫椿
極暘暉飯頌鳩晵暐業會暌馴預雌鉞電頓
馳暑熙頒雷鉉阿靖飲附雉……

十四劃

廓廖嶂僑嶄彰愿幔僚實嫣對僧幗愫幕像
常墀壽夢嫩僖屢僥嫡獎境兢嘉塾奪察嫗
塼嘗團塵圖管端箠箋箇緯種碩箕箏粹算
稱碧瑛瑄禎窪箝竭福詖湲獄溪獅琿盡禔

監瑚瑞熊滄滋爾瑟瑑瑜犒滂溶猿溝誌蒟
誥謹萁萃與蜜認說裙莱舞肇置賢菖裳菱
菊脾罰綸綝綿翠腑菁臺聚緊精粽維綾聞
綽綱綢綜綵綠降銅限韶閣酸郤銚閤領閨
銀郕速通這郗銘閥銓郝透逞途賓遜逢郢
郎郡造逍赫誕誠輒逐連趙輔豪貌輕賑華
齊瑗準槙溢寧菽滕歌榎損榜滉熒瑋榮源
構旗慎魂慈暢槍溫槐鬲熊魁飴飼鳳搖滎
搦鳴飾飽鼻髣……

十五劃

慧徹慶慕德廛幟廟慰慚慢慷彈幣寬墩寫
廣影慣徵廚審墨劍億劉嬉層廠履嬌嘻價
儀嘯寮增儉劇瑩潸瑰滄熟漾毅滿熱瑱瑤
熠漫演樟槻模漢滴熨漸漁樣槿暮敵樽樓
樞漆歐標嘆數慨意慮敷概槽樂暫摑摧暴

摘衛衝螭蒿蝗衙褕蝙虢董葉葦蝴蝠褚蝕

蝶著興耦鋪葛葡蝸萱萩萬腦締緣署腰落

葵葆腸蒂編緩翫腹翬緡線逸輩逵部輪趣

賬踐逮郵郴週輝質賞諏賡賙輦進輧賚諓

請諄諑諗賜賦賣諒課禕複諆論賢諍談誰

話誘調嶓瑪駟嶔畿皞曉駐鞋霄閱霆頡鴉

嶙養霈陛銷醉銀院駕鞏陣銹醐聊郯酥鋤

震鋒醄邢郭銳醇蒂範窯糊縕節稽磁稻箱

練緯篇穀磊畾盤窳篁窮碾……

十六劃

橙僚橋樵機樺橡橘橫儕儒儔儘憐憬憧撮

撒撤撳播撞撰熿燉燃熾燈燁燎燀燐燋燂

潮潔潘潼潛潭潤潟澄璊璉璃璋瑾璅璀蓋

蓉蓄蓍蓆蒙蒼蒸蒿蒔燕蕢蒨蓑蒲曉曄曈

暸瞞諺謂諸諳諦諭謁器暨勳冀叡噯曆歷

整熹遲辟學問戰導噴圜嶮憲嶧壁壇嶰奮
穆磨積穎磬瓢盧穎窺磧磚後燄覦誠親螢
融諫衡翰衛褞膏縣篤縞縉篩糖縈蓊翯糕
築糒篡篠鞘陳頰頭霏陶錢陵霓餘鴨霖陲
鋸鄲遇醒錐險險靜陪錠鋼道逾蹄遊達錫
陸錦都運輯輳遂鄙遑輸豫辨賴龜鴛鴦默
鋹龍……

十七劃

憶憾檀檣橿檄檢檐檜擒撼擔據撿操擅擁
擇僬儡優償偒徽壕壎壔穗瓀環璜璣璠璐
璚璟蔣蓮蔭蔓蔬蔗蔫蓬蔚營鍼鍊鎂鍛鍾
錫錨鍬鍵餅館澤濃激鴻濱講謚謙謝諜簣
簇篷縮縫縹繽總績縱糟糠禧禪褶膠膝膽
瞳瞬瞭聯聰購矯燦燭燧磯磷礁隍陽隊階
隆鄒鄔鄉鄖鄏鮪遠遞遙遺遜螺螳褒襄齋

檗嶺嶽應霜霞霙嬴闇闊輿幫嶼壑勵嬬嶸
嬪鮮黛點青瞵鄗斂獨氈檠斂舉聳艱繇羲
膚繁臨聲駿較鞠醜雖韓隸醞輾懇彌懞……

十八劃

濤濠濛濡濟濱濯濕櫂櫃檳檯檻擬擱擦儲
謨謹謳膴膳瞼瞻曙曜曛職璫璨環繙繪繕
織繚蕊蕙舊蕉蕣鄙鄞鄣鄢隔隒隕隘鎚錆
鎮鎬鎧鎔贅贄翱翻蟬蟲翹題遭適簞簡簪
簣禪禮豐覲蹕轉觴審燿斷叢燾爵獲歸璧
覆聶礎糧翼噭鵠馥雛餼鯉璨鵝鞭雙雜顏
雞醫……

十九劃

薛薇薪蕾蘊蕭藍薏勸麓簾簿簽簫繡繩櫟
櫛櫓穩穫襖襟擲臆膽曠鄭鄧霧寶盧鏇鏡
鏈鏑譙譔識證遷遼遵選遺麴鄰關臂繫蟹

疆疇禱攀瀅璽嬿麗鯨鵬響蟻贈饔麒顗辭
類騤贊轎壚壙𤩽璵……

二十劃

鐘鐙露寶犧攏懷壤瀝瀛瀘瀚濡薩藉藍藏
薯薰籃纂譯議警朧騰臍艦艨羆繼繻曨曦
礫礦靜犨礬釋孃瓊耀覺觸競辮黨齡飄鐐
麵邁還闡闞鄰馨璸霰遽贏懸嚴贍……

二十一劃

巍藥藕藝藩藪藤籐櫻櫸儷臘欄攙攘鐶鐿
鐳鐵鐸鏽鎌鐃雞饋饌饍續纈蠟蠣蠢驃驅
躍躊顧顥贐圜鶯隨辯邇屬殲鶴霸轎闢贔
護轟譽……

二十二劃

歡灌權欌響邊餐鬚鰻隮讀藷藹蘆藻藿邊
隱龔疊襯鑑藺鑌鑄覽禳懿儼攝籠覿蘇聽

囊巔巒巑……

二十三劃

體纖纓巖鷩顯戀蘭驛驗灑曬欐麟籤謦鱐

鱊鱎蘚鷊鷴變髓瑾攣儽孅……

二十四劃

罐矗隸衢瓛鑫靄豔隴鑪臟靂釀讓靈攬羈

黨鷹鷺鶯蠶鹼鹽囍孎禶……

二十五劃

灣爦襹欘欅欖欗欙廳籬觀躡鑲鑰釁

黿……

二十六劃

灤矚讚鱛邏邐釃圞鱱驠驢酈鑷鑵鑸……

二十七劃

鑽鑾鑼纜馫顴顳軉驦驧……

二十八劃

豔 鸚 驩 爩 ……

二十九劃

鬱 驪 钃 鸛 鑵 ……

三十劃

鸞 鸝 鱺 鸕 癵 ……

陽宅DIy——《子光盤》無師自通

想要找一棟居家平安發富貴或生意興隆發財富的房子眞不容易。帶著地理師一趟又一趟鑑定，浪費時間也花很多錢，卻未必得到滿意的答覆。也許您一次又一次帶著地理師去鑑定同一棟房子，各說各話七嘴八舌，答案全然不同，因爲他們不知道你的命，無法替你找到合命吉氣的好風水，唯有《子光盤》鐵口直斷。

同年出生的人同命論，住相同的宅，如此之說自欺欺人，即使同年同月同日生，命都大不同，何況同年生就是同命卦，可以住同樣的房子。

出生「年月日時」只是人生的過程不是生命開始，不足信以爲命。唯有《皇天元神億數》才能替您找到眞正屬於自己的命造福人生。

《皇天元神億數十生命元靈學》「子光盤」知命造命

知道您先天四大命星帶來吉凶，身上流的是什麼氣，需要什麼方位之氣幫助啓發靈感智慧才能發富貴。

從今以後您擁有**《皇天元神億數十生命元靈學》**所創造的**「子光盤」**，就可以自己鑑定陽宅，更不必帶著地理師聽信其謠言四處奔跑，您將擁有生命中的一切，創造出人生最大富貴。

子光盤是生命的導師，是富貴的泉源，是人生必備的護身符，也是你隨身的地理師，你先天帶來什麼氣，後天需要什麼氣都在裡面，它與你形氣合一永不分離，有了它就可掌握自己合適的住宅及一生的命運，將生命之光發揮至極點。

《陽宅子光盤》樣本圖

姓名 李先生　　宿星 牛 星　先天命宮 南斗七 宮	先天四大命星
皇天之神億數：一〇五四八七、六六二	文昌二　天罡三　齊光五　空亡十二
啟運星 心 星　　啟運數：一一一八六〇	

使用方法：

一.先用指北針或用指南針在陽宅外面沒有鋼鐵不影響磁場的位置測量出宅的坐向方位。

二.依據在宅外測量的方位將子光盤置於宅之中心點，按照十二個方位定吉凶。

三.本命方位吉凶請對照《富貴智慧陽宅學》內容之「十二星宮命興運」取吉用。

鬼神星方位：凡事不吉用，衛浴最適合或閒置不用，開門安床見血光破財災禍。

主運星方位：開門多思考而後動，安床、神位、祖先、廚房皆可。

中分星方位：臥房安床夫妻不合，開門犯桃花，朋友失和，辦公桌破財書房三心兩意。

齊光星方位：開門、辦公桌大吉次之安床、神位、祖先，不宜廁，廚房，助啓發靈感智慧發財之方。

財官星方位：開門進財貴其他吉用皆可。

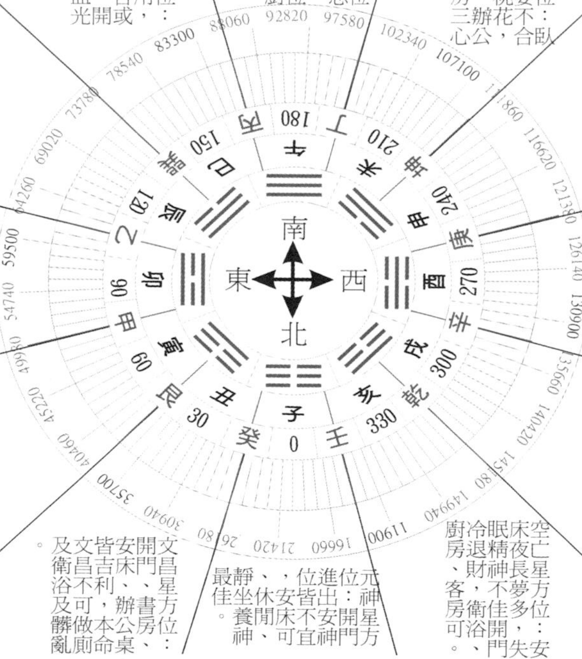

乾坤星方位：開門，安床，供神位祖先，父母房皆吉利。

福德星方位：青少年安床精神差沒鬥志，老年人安床怡養天年吉，其他吉用皆可。

天罡星方位：宜靜不宜動，開門防血光廚房亦不宜。

地煞星方位：安床多病，供祖先不孕育無後，開門犯小人破財，做衛浴爐灶最佳客房客廳不忌。

文昌星方位：開門、書房、安床、辦公桌皆吉利，本命文昌不可做廁及衛浴及髒亂。

元神星方位：開門進出安神位皆不宜，安床可、休閒、靜坐養神最佳。

空亡星方位：安床夜長夢多，失眠精神不佳開門冷退財，衛浴、廚房、客房可。

張朝閔撰　　電話：（02）27685678
27672988

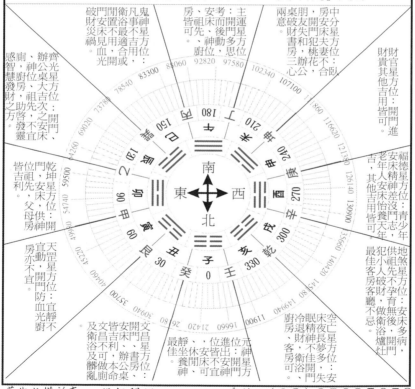

張朝閔服務項目

陽宅風水　富貴不是天上掉下來，金木水火土絕對不能生富貴，惟有《皇天元神億數十生命元靈學》啓發靈感智慧才能發富貴。

各門各派學術，張朝閔造福任君選擇，或納用張朝閔獨門祕學《富貴智慧陽宅學》扶補個人先天之氣不足，啓發靈感智慧發富貴。

受孕造人　造人如同製造產品，需要精心設計才會生產出完美之產品，富貴寶寶優生要從排卵期安排父母的子光氣旺盛，製造優良的「先天之氣」才能給富貴寶寶卓越的靈感智慧，創造人生的榮華富貴蔭父母全家人幸福。

有人說：擇好日子剖腹生產命會好，「那是思想白癡」，因爲寶寶在父母受孕時就得到「先天之氣」，三個月元靈入胎，生命即已成立，一生的命運就已註定，不必等到出生後。

※如果你需要深入瞭解請閱讀《富貴受孕優生學》這本書。

論　　命　八字、斗數任君選，不如《皇天元神億數十生命元靈學》一點，從生前談論到人生富貴貧賤，從「先天之氣」之生命四大元素論斷吉凶禍福，找出原因，改造命運，創造幸福，才是論命的目的，請參閱我的著作《張朝閔教您如何找到先天富貴命》、《張朝閔教您如何創造富貴幸福命》。

升官發財

富貴不是嘴巴說說或默默哀求，富貴就會從天上掉下來，《皇天元神億數》幫你的靈感智慧排除障礙，自然富貴就會順道而來。

姓名學

筆劃數之吉凶因人先天命而異，絕對沒有因為固定數字吉凶。五行「金木水火土」不是救命的萬靈丹，不會無故創造富貴。求富貴沒有第二法門，惟有從先天命扶補靈感智慧，才能創造富貴，請參閱我的著作《張朝閔富貴姓名學》。

婚姻配對

眼前的她（他）不是真正的她（他），因為他的內心不會是透明無瑕，《皇天元神億數十生命元靈學》可以將他葫蘆裡裝的藥倒出來看看是毒藥還是你需要的補藥。

墮胎流產

流產前胎兒的元靈氣與胎兒的肉體在母體腹內就分離，胎兒死亡排出後，元靈氣緊依偎母體內一輩子無法離開，影響母體身心健康，疑難雜症疾病纏身，命運消沉，破財招災，採用《皇天元神億數》之《道家仙方浸身沐浴法》可以排除障氣，解脫困境。

陰宅祖墳 爲何龍眞穴不發富貴呢？因爲不合子孫的《先天之氣》。祖墳未必要眞龍大地，配合子孫的先天之氣，富貴即可長綿。

神佛祖宗 靈學是很深奧，不必太迷信，但宜實事求眞，深入瞭解就不會是迷信，如果這世上沒有「靈」人類就不會有靈感智慧。

※如須以上各項服務請撥電話：

(02)27685678 或(02)27672988

張朝閔服務處誠心爲您服務

玉書閣五術(山醫命卜相)堂主
中華民國五術學會理事長
張朝閔 撰
電話：(02) 2768-5678
2767-2988

皇天元神億數姓名學幸運數字星盤

乾坤造：

皇天元神億數：

本命宿星：　　星

動星：　　星

命宮：　　宮

四	大	命	星
天	地	開	泰

周天行運：日虛女牛斗箕尾心房氐亢角軫翼張月星柳鬼井參觜畢昂胃婁奎壁室危

			星
73 85 97	37 49 61	01 13 25	
74 86 98	38 50 62	02 14 26	
75 87 99	39 51 63	03 15 27	
76 88 00	40 52 64	04 16 28	
77 89 01	41 53 65	05 17 29	
78 90 02	42 54 66	06 18 30	
79 91 03	43 55 67	07 19 31	
80 92 04	44 56 68	08 20 32	
81 93 05	45 57 69	09 21 33	
82 94 06	46 58 70	10 22 34	
83 95 07	47 59 71	11 23 35	
84 96 08	48 60 72	12 24 36	

中華民國五術學會理事長
玉書閣五術(山醫命卜相)堂主
張朝閱　撰
電話：(02) 2768-5678
2767-2988

皇天元神億數姓名學幸運數字星盤

乾坤造：

皇天元神億數：

本命宿星：　　　星

動星：　　　星

命宮：　　　宮

四大命星	天地開泰
四	天
大	地
命	開
星	泰

周天運行：日虛女牛斗箕尾心房氐亢角軫翼張月星柳鬼井參觜畢昴胃婁奎壁室危

星

73 85 97	37 49 61	01 13 25	
74 86 98	38 50 62	02 14 26	
75 87 99	39 51 63	03 15 27	
76 88 00	40 52 64	04 16 28	
77 89 01	41 53 65	05 17 29	
78 90 02	42 54 66	06 18 30	
79 91 03	43 55 67	07 19 31	
80 92 04	44 56 68	08 20 32	
81 93 05	45 57 69	09 21 33	
82 94 06	46 58 70	10 22 34	
83 95 07	47 59 71	11 23 35	
84 96 08	48 60 72	12 24 36	

中華民國五術學會理事長
玉書閣五術(山醫命卜相)堂主
張朝閔 撰
電話：(02) 2768-5678
2767-2988

皇天元神億數姓名學幸運數字星盤

乾坤造：

皇天元神億數：

本命宿星：

星

動星：

星

命宮：

宮

四天	大地	命開	星泰

周天運行：日虛女牛斗箕尾心房氐亢角軫翼張月星柳鬼井參觜畢昴胃婁奎壁室危

			星
73 85 97	37 49 61	01 13 25	
74 86 98	38 50 62	02 14 26	
75 87 99	39 51 63	03 15 27	
76 88 00	40 52 64	04 16 28	
77 89 01	41 53 65	05 17 29	
78 90 02	42 54 66	06 18 30	
79 91 03	43 55 67	07 19 31	
80 92 04	44 56 68	08 20 32	
81 93 05	45 57 69	09 21 33	
82 94 06	46 58 70	10 22 34	
83 95 07	47 59 71	11 23 35	
84 96 08	48 60 72	12 24 36	

皇天元神億數

讓生命啓發靈感智慧

齊光

願人生充滿富貴幸福

張朝閔 題

創造靈感智慧——齊光鏡

「齊光星」是宇宙第五道子光氣產生出來的靈光氣，它是人類靈感智慧最需要的——營養劑。

在父母懷孕八十三天至九十天內，生命中的「陰、陽元靈」化合後、靈眠初醒即成爲生命中的——『元神』，它啓發了人生最珍貴的「靈感智慧」，從靈感智慧中創造一生的——富貴。

先天四大命星帶有「齊光星」的人求官發貴步步高升，從商發富事事如意，求婚找到好姻緣，求學科考高中。

先天四大命星不帶「齊光星」也無須沮喪，瞭解自己的先天命就可以找到自己需要的——齊光星。

「齊光星」是自己的貴人星，也是別人的貴人星，是一個互動的貴人，助人助己貴不可言，請靜下心、順順氣，面對「齊光鏡」默念：

『齊光星、齊光星、齊光星，讓我的生命啓發靈感智慧，願我的人生充滿富貴幸福』一次默念三遍，宇宙靈光氣聽到你的呼喚，會給你帶來神奇好運。

常常面對「齊光鏡」默念，可以喚醒自己的本靈逢凶化吉，歹運轉好運，事事如意，求財、求官、求事業順利，求職、求婚配、求學業進步無所不利。

齊光鏡安置在辦公室可以振作員工士氣，帶給老闆發財。

齊光鏡安置在店鋪可助生意興隆、財源廣進。

齊光鏡安置在家中可保平安、招財進寶、增進夫婦感情全家合睦、預防桃花外遇的法寶。

齊光鏡安置在房內充做化粧鏡，男性或女性求偶戀愛大吉，使您精神煥發，滿面春風情場得意快樂無比。

齊光鏡安置在書房可助學業進步、科考高中，防子女叛逆。（請參閱本書中有關齊光星之內容）

※儀容不整、垂頭喪氣不宜強求。儀容端莊、閉目養神、肢體、心情放輕鬆，求之大吉大利，誠心信者必有應驗。

國家圖書館出版品預行編目資料

三分鐘富貴姓名學／張朝閔著.
－－初版－－ 台北市：宇河文化出版；
紅螞蟻圖書發行，2003〔民 92〕
面　　公分，－－(Easy Quick：34)
ISBN 957-659-404-9 (平裝)

1.姓名學
293.3　　　　92017944

Easy Quick：34
三分鐘富貴姓名學
作　　者／張朝閔
發 行 人／賴秀珍
榮譽總監／張錦基
總 編 輯／何南輝
文字編輯／林芊玲
美術編輯／林美琪
出　　版／宇河文化出版有限公司
發　　行／紅螞蟻圖書有限公司
地　　址／台北市內湖區舊宗路二段 121 巷 28 號 4F
郵撥帳號／ 1604621-1　紅螞蟻圖書有限公司
電　　話／(02)2795-3656 (代表號)
傳　　眞／(02)2795-4100
登 記 證／局版北市業字第 1446 號
法律顧問／通律法律事務所　楊永成律師
印 刷 廠／鴻運彩色印刷有限公司
電　　話／(02)2985-8985 ・ 2989-5345
出版日期／ 2003 年 11 月　第一版第一刷

定價 250 元

ISBN 957-659-404-9　　Printed in Taiwan